Muir   Tantra – Tanz der Liebe

Charles & Caroline Muir

TANTRA

TANZ DER LIEBE

Aus dem Amerikanischen von Sarah Neves

Vollständig überarbeitete Neuausgabe

ARISTON

Die amerikanische Originalausgabe erschien 1989 unter dem Titel
Tantra. The Art of Conscious Loving
bei Mercury House, San Francisco, USA.

Die Deutsche Bibliothek – CIP-Einheitsaufnahme
MUIR, CHARLES :
Tantra : Tanz der Liebe / Charles und Caroline Muir. – Aus dem Amerikan. von
Sarah Neves. – 2. Aufl. – Kreuzlingen ; München : Hugendubel, 2000 (Ariston)
Einheitsacht.: Tantra < dt. >
ISBN 3-7205-2075-7

2. Auflage 2000
© der deutschsprachigen Ausgabe Heinrich Hugendubel Verlag,
Kreuzlingen/München 1990/1999
Alle Rechte vorbehalten

Umschlaggestaltung: Manu Böhler, Überlingen
Umschlagmotiv: Photonica/Knauer Johnston
Produktion: Maximiliane Seidl
Satz: EDV-Fotosatz Huber/Verlagsservice G.Pfeifer, Germering
Druck: Wiener Verlag, Himberg bei Wien
Printed in Austria 2000

ISBN 3-7205-2075-7

Wir widmen dieses Buch
dem Geist der Großen Mutter.

Inhalt

Danksagung

Unser Dank gilt folgenden Personen, die bei der Entstehung dieses Buches mithalfen: J. Michael Knaouff, Doris Ober, Alev Lytle Croutier und dem Verlagsteam von *Mercury House*: Marbie Ingalls, Anurag und Sapan.

Caroline möchte ihre tiefe, unwandelbare Dankbarkeit gegenüber allen Männern und Frauen zum Ausdruck bringen, die sie auf den Wegen der Liebe begleitet haben: Sonny, Rick, Ron, Gina, Tucker, Ronnie, Singh Kaur und ganz besonders Nank, ihrem geliebten Großvater. Ihr besonderer Dank gilt »Charles, meiner größten Liebe, meinem Lehrer und Partner für den Rest meines Lebens«.

Charles sendet Dank und Segenswünsche an alle seine Lehrer auf dem Pfad der Liebe, besonders an Bobbie, Michaeline, Mary, Jeannie, Abigail, Jwala, Emily, Diane, Sherry, Jill, Diana, Mercury, Alana, Whitestar, Yaz und Singh Kaur. Ein besonderes Dankeschön an »Pauline Siggia Muir, die mir von Geburt an Liebe, Hingabe und Demut beigebracht hat, an meinen Sohn und Guru Orion; an Tara; und vor allem an meine geliebte Frau Caroline, die Frucht und den Samen meiner Entwicklung«.

Aufrichtig danken möchten wir auch unseren zahlreichen Schülern, von denen wir über die Jahre so viel über uns selbst, über die anderen und über die Kunst des Liebens gelernt haben.

Vorwort

Das Wort *Tantra* bezieht sich in erster Linie auf bestimmte sexuelle Rituale, Praktiken und Meditationen, die in zahlreichen esoterischen Schriften der Hindus beschrieben werden. Diese über zweitausend Jahre alte indische Literatur ist in Dialogform verfaßt. Dialogpartner sind der Hindugott Shiva, der die »eindringende Kraft der konzentrierten Energie« verkörpert, und die Göttin Shakti, seine Gefährtin, welche die »weiblich-schöpferische« Kraft darstellt und manchmal auch die »Macht des Tantra« genannt wird. Das alte Tantra ist ein geistiges System mit der sexuellen Liebe als Sakrament. Wir selbst sind keine Lehrer für antike tantrische Rituale und Traditionen; vielmehr haben wir ein System entwickelt, das zwar auf tantrischen philosophischen Vorstellungen beruht, sich aber unserem Leben und dem Leben unserer Schüler anpassen läßt. Es ist ein Lebensweg, der die Beziehung eines Paares auf die Ebene einer Kunst heben kann: der »Kunst des bewußten Liebens«, wie wir sie nennen.

Entgegen dem, was wir gerne glauben würden, werden wir leider nicht mit einer natürlichen Begabung für Sex und für Beziehungen geboren. Und nur die wenigsten von uns kamen jemals in den Genuß einer regelrechten Erziehung zur Sexualität und sexuellen Liebe. Obwohl wir uns als Kinder der sexuellen Revolution fühlen, werden wir immer noch zum großen Teil von Glaubensvorstellungen gelenkt, die uns Schuldgefühle, Angst, Unsicherheit, manchmal auch Scham eingeredet haben. Diese schlechten Einflüsse ziehen sich zwar still und leise ins Unterbewußtsein zurück und verursachen nur kleinere oder gelegentliche Störungen, aber sie gestatten uns nur recht selten, die geistigen Möglichkeiten der sexuellen Liebe wirklich auszuschöpfen. Tantra kann uns dabei helfen, denn einem tantrischen Paar ist das spirituelle Ziel ebenso wichtig wie die körperliche Liebe.

Tantra ist eine Schule mit vielen Kursen, vielen Lernebenen und unbegrenzten Möglichkeiten spirituellen Gewinns, sexueller Freude und irdischem Erfolg. In unseren Workshops und Seminaren lehren wir Übungen aus antiken tantrischen Lehrbüchern, die wir weiterentwickelt haben. Sie sind für Uneingeweihte, für Anfänger gedacht. Wir lehren sie in liebevoller, tiefer Achtung vor dem Vergnügen, der Heilkraft und dem spirituellen Wachstum, das sie vermitteln können.

Es ist einer der Grundgedanken der tantrischen Philosophie, daß das Tantra im Lauf der Geschichte immer wieder neu geboren wird. Wir hoffen, daß auch die Leser und Leserinnen dieses Buches unsere Begeisterung darüber teilen, wie außerordentlich gut diese überlieferten östlichen Rituale in unsere moderne Zeit und Kultur passen. Sie bieten wichtige Hilfen für Paare von heute, die auf der Suche nach anderen Formen der Beziehungen zueinander sind, weil sie sich ihre Liebe und sexuelle Leidenschaft ein Leben lang erhalten wollen. Wir haben miterlebt, wie Männer und Frauen unsere Seminare und Workshops in einem Zustand gesteigerten Bewußtseins ihrer selbst und ihrer Liebe verlassen haben, und mit großer Freude entnehmen wir den vielen Postkarten und Briefen, die man uns schickt, daß dieses gesteigerte Bewußtsein nicht bloß eine vorübergehende Erscheinung ist, sondern zu einem festen Bestandteil der jeweiligen Beziehung wird. Tantra ist kein Schnellkurs, um sexuelle Höchstleistungen zu vollbringen – es gibt keine Garantie für unmittelbaren Erfolg. Paaren aber, die ihre Beziehung wirklich bereichern wollen, kann es zu einer Art von Energie verhelfen, die ihnen Harmonie bringt und ihr sexuelles Vergnügen und ihre Nähe zueinander steigert. Kurz gesagt: Tantrischer Sex kann die Grundlage für eine außergewöhnliche Partnerschaft bilden.

Wir haben dieses Buch in zwei Teile gegliedert. Im ersten Teil führen wir in Ziele und Lebensphilosophie des Tantra und der Wissenschaft ein, auf der es beruht; salopp gesagt, wollen wir zeigen, wie Tantra »funktioniert«, vor allem für Paare. Der zweite Teil befaßt sich mit sexuellen Ritualen, dem Yoga oder der »Vereinigung«, welche die Paare üben können, um durch ihre Liebe zu einer ekstatischen Verbindung zu gelangen.

Erster Teil

Tantra für Paare

... glücklich bis an ihr seliges Ende

Die Hochzeit wurde mit großem Prunk gefeiert,
und dann lebten sie glücklich
bis an ihr seliges Ende.

Dornröschen (Märchen der Gebrüder Grimm)

Wie viele von uns glauben heute noch an das Märchen vom gemeinsamen Glück bis an ein seliges Ende? Statistiken belegen, daß in unserer Kultur mehr als jede zweite Ehe wieder geschieden wird. Und viele von denen, die an einer Ehe festhalten, tun dies beileibe nicht deshalb, weil sie glücklich sind: Manchen ist es einfach zu mühsam, gemeinsames Hab und Gut aufzuteilen, umzuziehen, wieder von vorne anzufangen – von den Kindern und den emotionalen und finanziellen Schwierigkeiten einer Scheidung ganz zu schweigen. Im Klima eines vernünftigen, praktischen Zeitgeists des zwanzigsten Jahrhunderts fällt es schwer, im »ewigen Glück« mehr als eine vorübergehende Erscheinung zu sehen.

Theoretisch sollte jemand das Glück in vielen aufeinanderfolgenden, vorübergehenden glücklichen Beziehungen finden. Bis zu einem gewissen Grad waren solche Partnerschaften in den sechziger und siebziger Jahren in Mode; sie wurden erst dann zunächst für fragwürdig und später gefährlich gehalten, als in den achtziger Jahren Aids entdeckt und erforscht wurde. Aber es ist nicht nur die Angst vor Aids, die zu einer Änderung unserer Beziehungen geführt hat. In unseren Seminaren begegnen wir immer wieder Männern und Frauen, deren Sehnsucht nach einer tragfähigen Partnerschaft dem Gefühl entspringt, daß aus einer bedeutungsvollen Beziehung etwas Wichtiges zu gewinnen ist. Dahinter scheint uns mehr zu stecken als nur das Bedürfnis »sich niederzulassen«. Immer mehr Paare fühlen sich heutzutage einander in besonderer Weise verbunden; dabei spielen geistige und körperliche, ideelle und materielle Anteile gleichermaßen eine Rolle.

Dieses Phänomen ist verhältnismäßig neu, und zumindest in ihm hat ein *New Age* vielleicht tatsächlich schon begonnen. Die Vorstellung von einer »Heirat aus Liebe« begann sich erst in den letzten anderthalb Jahrhunderten durchzusetzen. Davor wurde materiellen oder sozialen Überlegungen der Vorzug gegenüber jeder Art von gefühlsmäßiger, körperlicher oder geistiger Anziehung eingeräumt, und die meisten Ehen wurden zwischen den beteiligten Familien ausgehandelt. Insbesondere in bezug auf die sexuellen Anteile von Beziehungen kam es im Laufe der letzten hundert Jahre in unserer westlichen Zivilisation zu einem tiefgreifenden Wertewandel. Das Korsett viktorianischer Werte und Verhaltensweisen lockerte sich erst zur Jahrhundertwende und verlor seinen Einfluß erst in den 20ern und 30ern. In den vierziger Jahren wurden Beziehungen romantisiert, noch während sie so oft vom Krieg zerrissen wurden. Die Ergebnisse dieses Kriegs prägten die fünfziger Jahre: Männer und Frauen begannen das Atomzeitalter fest entschlossen, die moderne Kernfamilie funktionstüchtig zu machen. Es folgte die sexuelle Revolution der sechziger Jahre, die ihrerseits die Frauenbewegung der siebziger Jahre mit ihren Forderungen nach sozialer und sexueller Gleichberechtigung ins Leben rief. Die nachrevolutionären achtziger Jahre wurden die postrevolutionäre Ära des Sex, eine Zeit persönlichen Aufbruchs und individueller Freiheit, deren Vertreter in den Medien die »Ich-Generation« genannt wurden. Nun, da wir uns der Jahrtausendwende nähern, scheinen sich Männer und Frauen dem Leben wieder gemeinsam stellen zu wollen. Vielleicht ist dies der Anfang der »Wir-Generation«: eine Generation, die das Ende des Kampfes der Geschlechter herbeisehnt und zugleich den Beginn einer neuen Art von Beziehungen, in denen Partner als Team zusammenarbeiten können, um ihre Bedürfnisse zu befriedigen, einander zu unterstützen und gemeinsam auf persönliche Erweiterung und sexuelle und geistige Erfüllung zuzusteuern.

Versprechen und Erwartungen

Die letzten Jahrzehnte versprachen uns sexuelle Erfüllung, persönliche Unabhängigkeit und Wohlstand. Für viele Menschen haben sich diese Versprechen auch tatsächlich erfüllt. Wir bringen heute einen Reichtum mit in die Beziehungen, die wir eingehen, wie niemals zuvor. Wir wissen mehr über die Welt, weil die Medien uns täglich Informationen vermitteln, und fast alle Menschen haben heute Möglichkeiten und Mittel zu reisen. Wir wissen auch mehr über uns selbst – wir leben in einer Kultur, die von sich selbst geradezu begeistert ist. Wir zeichnen komplizierte astrologische Karten und versuchen, die Zukunft in den Sternen zu lesen. Wir analysieren Vergangenheit und Gegenwart nach uralten oder hypermodernen Methoden. Wir achten auf unseren Körper, bleiben fit, essen gesund und hören auf zu rauchen. Wir versuchen an uns zu arbeiten. Wir setzen unsere positive Weltanschauung in die Praxis um. Wir machen uns Hoffnungen auf eine wunderbare Zukunft.

Wenn wir es aber so weit gebracht haben – warum gelingt es uns dann schlechter als früheren Generationen, Beziehungen über längere Zeit aufrechtzuerhalten? Am Beginn eines neuen Zeitalters, in dem langfristige Partnerschaften zunehmend wichtiger werden, scheint es höchste Zeit, auf diese Frage einzugehen und Antwort darauf zu finden.

Gewohnheit contra
Leidenschaft

Liebe ist nicht gleich Liebe. Es gibt Liebe voller Leidenschaft, Liebe nach der Leidenschaft und Liebe ohne Leidenschaft. Vor allem von letzterer weiß man, daß sie in mancher Hinsicht recht angenehm und befriedigend sein kann. Aber Liebe ohne Leidenschaft wird oft zu einer derart blassen Kopie des Originals, daß sie zu wohlwollender Toleranz abebbt, und dann besteht immer die Gefahr, daß sie gänzlich abstirbt oder sich in Groll, Verachtung oder gar Schlimmeres verwandelt.

Nicht die leidenschaftslose Liebe ist es, die wir hier besprechen wollen. Wir wollen uns vielmehr auf eine Liebe konzentrieren, die voll Leidenschaft und Glut ist, die das Blut in Wallung bringt und einen völlig sättigt. Das ist die Liebe, die alle Hindernisse überwindet, die die Zeit stillstehen läßt, die ganz von einem Besitz ergreift – einen regelrecht »besessen« macht – und dann wieder ausstrahlt, so daß die Menschen in der Umgebung auf diese besondere »Aura« aufmerksam werden und sich von ihr angezogen fühlen wie von einem Magneten. Das ist die Liebe, die sich sexuell wie ein Wunder ausdrückt, das größte, das es je gegeben hat. Und das gilt immer für beide Partner: Sie können einfach nicht genug voneinander bekommen.

Liebe ist nicht unbedingt blind, wie Shakespeare behauptet hat, aber sie bedeutet sicher einen veränderten körperlichen Zustand. Naturwissenschaftler behaupten, die Liebe sei biochemisch einem durch Amphetamine (Aufputschmittel) hervorgerufenen Zustand sehr ähnlich. Bekanntlich wird dadurch das Immunsystem gestärkt, die Tätigkeit der weißen Blutkörperchen angeregt und die Produktion von Endorphinen erhöht. Genau dann fühlen wir uns großartig!

Was ist aber danach los? Warum verschließt sich uns, nach vielversprechendem Anfang und trotz guter Aussichten, später dann so oft die Leidenschaft?

Einen Teil der Antwort finden wir, wenn wir uns darüber klarwerden, daß Leidenschaft eine Art von Energie ist, die von anderen Energien abhängt, wenn sie überleben will. In den leidenschaftlichen Anfängen einer Beziehung verwenden wir sehr viel Energie darauf, einander zu gewinnen, einander zu bezaubern, zu beeindrucken, anzuziehen. Eine solche Liebe überwindet, wie schon erwähnt, alle Hindernisse. Die Energie, die wir für die Überwindung der Hindernisse aufwenden, ist es, worauf es entscheidend ankommt. Wenn sich zum Beispiel ein Mann und eine Frau entschließen, zusammenzuziehen, so beseitigen sie damit eines der größten Hindernisse: die körperliche Trennung – doch dabei übersehen sie, daß sie etwas auflösen, was ihre Leidenschaft genährt hat. Nun müssen sie einen Weg finden, um die Energielücke zu schließen, die jetzt in ihrer Beziehung entstanden ist, seit sie die Hürde des Getrenntseins nicht mehr überwinden müssen. Sie haben ein energetisches Vakuum geschaffen, unter dem ihre Leidenschaft leidet. Weniger Energie bedeutet auch weniger Leidenschaft.

Zu Beginn einer Liebesbeziehung regeneriert sich die leidenschaftliche Energie offenbar von selbst. Ein frisch verliebtes Paar befindet sich im Zustand ständiger Erregung. Mann und Frau sind geladen, sind regelrechte Supraleiter. Nach einer Weile tritt der sexuelle Akt dann meist in den Hintergrund – zumindest zahlenmäßig. Es drängt einfach weniger, wenn zwei erst einmal begonnen haben, ihrer Beziehung zu vertrauen, sich aufeinander zu verlassen und sich aneinander gewöhnt haben. Aber wir *wollen* einander doch vertrauen und uns aufeinander verlassen können – warum müssen wir dabei unsere Liebe verlieren?

In Wirklichkeit müssen wir gar nichts verlieren. Wenn das Liebesleben nachläßt, heißt das meist, daß auch die Energie in der Beziehung nachgelassen hat. Sobald Paare die körperliche Vereinigung nicht mehr so oft vollziehen, ändern sie die Atmosphäre. Die Liebe hält inne, die Energie wird in andere Kanäle gelenkt.

Männer und Frauen, die sich leidenschaftlich ihrer Arbeit, der Kunst oder der Politik widmen, werden für die Energie bewundert, mit der sie ein gestecktes Ziel ansteuern. Warum sollten sie sich nicht ebenso begeistert dem Ziel verschreiben können, eine leidenschaftliche Beziehung aufrechtzuerhalten, indem sie die dafür nötige Energie erzeugen? Dies gilt besonders in einer Zeit wie der unsrigen, die so viele Chancen und so viel persönliche Freiheit bietet. Viele von uns frönen mehreren Leidenschaften, und manchmal verwenden wir mehr Energie darauf, als wir gewinnen. Wenn das passiert, fehlt uns die Kraft der Leidenschaft. Um das auszugleichen, müssen wir Energie aus anderen Bereichen abziehen. Wenn wir dieses Minus nicht an der Wurzel ausgleichen, werden wir letzten Endes draufzahlen: sehr oft mit dem Verlust der Leidenschaft. Wir begegnen vielen Paaren, die einfach zu beschäftigt oder zu müde sind, um sich zu lieben. Beide arbeiten, sie haben Kinder, stützen mit ihrer Zeit und ihrer Kraft die Gemeinde und die Kirche. Sie möchten auch etwas für ihre Selbstverwirklichung tun, also widmen sie einige Stunden pro Woche der Gesundheit und körperlichen Fitneß. Viele haben auch noch pflegebedürftige Eltern. Tatsache ist, daß moderne Paare ständig unterwegs sind. Abends sind sie erschöpft, und Sex ist dann das letzte, woran sie denken. Nun könnte aber ausgerechnet Sex beide Partner mit mehr Energie versorgen. In Wirklichkeit hungert ein Paar, das sein Liebesleben vernachlässigt, auch seine Liebe langsam aus. Liebe lebt und nährt sich von der sexuellen Energie, die ein Paar erzeugt.

24

Die Leidenschaft
pflegen

Ein leidenschaftliches Verhältnis muß nicht nur durch sexuelle Energie genährt werden – sie braucht auch Pflege, bewußte Pflege. Wir glauben, daß einer Beziehung nicht weniger Sorge, Rücksichtnahme und Aufmerksamkeit zusteht als der Karriere, der Familie oder einem Ideal. Leider ist diese Auffassung nicht sehr weit verbreitet. Weitaus gängiger, wenn auch viel unrealistischer, ist die Vorstellung, daß die Liebe für immer hält, daß eine Beziehung, einmal in Gang gekommen, von alleine weiterlebt und die individuellen Lebensläufe der beiden Partner in keiner Weise verändert werden. Außerdem erwarten Paare von einer Beziehung auch noch, daß sie die beruflichen, sozialen, wirtschaftlichen und kreativen Anteile ihres Lebens bereichert und ergänzt. Damit überfordern sie ihre Zweisamkeit. Zwar kann eine Liebesbeziehung durchaus zu einer Bereicherung auf allen Gebieten des Lebens führen, sie kann in der Tat nicht nur genügend Energie für sich selbst, sondern auch noch für Arbeit, Familie, Freunde und Hobbys erzeugen. Aber diese Kraft entsteht nicht von selbst oder durch Zauberei. Eine Beziehung ist wie ein Garten: Wenn er nicht gegossen, gejätet, geschnitten, gedüngt, gepflegt wird, dann leidet der Ertrag. Ohne aufmerksame Pflege verwahrlost jeder Garten. Beziehungen zerfallen häufig, weil beide Partner sie vernachlässigen.

Ein weiterer Grund liegt darin, daß die beiden Partner einander ihre Bedürfnisse nicht mitteilen. Viele Menschen sind zu schüchtern oder zu ängstlich, um zu sagen, was sie brauchen, damit sie sich geliebt, erfüllt oder einfach glücklich fühlen. Sie finden oft nicht die richtigen Worte, oder sie haben Angst, in ihren Bedürfnissen zurückgewiesen, aufgrund dieser Bedürfnisse vielleicht weniger geachtet zu werden, oder sie schämen sich einfach dafür. So verschweigen sie manchmal, was in ihren Herzen oder in ihren Köpfen vorgeht; und wenn sie dann endlich doch einmal mit der Sprache herausrücken, dann hat sich bereits in aller Stille soviel aufgestaut, daß die eigentliche Mitteilung zu scharf oder aber zu matt herauskommt. Wir müssen lernen, uns als Geliebte und als Partner miteinander zu verständigen, und dazu benötigen wir eine andere Form der Verständigung als im täglichen Leben. Auf dieses Thema gehen wir später noch genauer ein (»Tantrische Verständigung«, S. 57 ff., und »Tantrisches Heilen«, S. 71 ff.).

Abgesehen von Vernachlässigung und mangelndem Austausch führen oft auch falsche Vorstellungen davon, wie eine Beziehung sein *sollte*, zu Problemen. Solche Vorurteile wurzeln oft tief: Sie beruhen darauf, wie unsere Eltern miteinander umgingen, solange wir bei ihnen lebten; auf dem Bild, das Kirche und Gesellschaft uns in unserer Jugend von Beziehungen zeichneten; darauf, was heute als akzeptabel gilt, und auf unseren eigenen Erfahrungen damit, wie Familienangehörige, Freunde, Geliebte und andere Personen sich uns gegenüber verhielten. Unsere Vergangenheit, unsere früheren Erlebnisse gehören zu uns, und natürlich beeinflussen sie auch unsere Partnerschaften. *Aber wenn wir als Paar wirklich eins werden wollen, dann sollte unsere Beziehung keine Vergangenheit haben, sondern nur eine Gegenwart und eine mögliche Zukunft. Indem wir unsere Beziehung leben, erschaffen wir uns ja gerade erst eine gemeinsame Geschichte.*

Die meisten Liebespaare sind viel zu stark durch frühere Erlebnisse und Erfahrungen belastet, die in die Gegenwart hineinwirken. *Sie* kann zum Beispiel nicht vergessen, daß »alle Männer Lügner und Betrüger« sind. *Er* hält sich dauernd vor Augen, daß »man sich auf Frauen nicht verlassen kann«, daß »Frauen einen Mann jederzeit sexuell abweisen oder ihn aus purer Laune heraus verlassen können«.

Und doch fühlen wir uns zueinander hingezogen. Männer und Frauen haben unbestreitbar den Drang, sich zu vereinen. Ob nun der Liebestanz eine Vereinigung auf höherer Ebene symbolisiert oder ob der Drang rein biologisch ist – der Wunsch, mit dem oder der Geliebten eins zu werden, ist nicht zu leugnen. Und in unserem Eifer passiert es uns leicht, daß wir »eins werden« mit »gleich werden« verwechseln. Wir sind aber nicht gleich. In Wirklichkeit sind es ja vor allem die Unterschiede zwischen Mann und Frau, die den Erfolg einer Verbindung ausmachen.

Natürlich sprechen wir hier nicht von unvereinbaren Unterschieden. Wir wollen auch nicht behaupten, daß Männer und Frauen in jeder Hinsicht anders sind. Beide Geschlechter haben natürlich auch sehr viel gemeinsam, und nicht von ungefähr fühlen wir uns vor allem zu einem solchen Menschen hingezogen, der uns in gewisser Weise ähnelt: Vielleicht hat er einen ähnlichen Sinn für Humor, den gleichen Bildungsgrad, verwandte moralische Auffassungen oder gleichgerichtete Ziele und Wünsche. Was wir meinen, sind vielmehr die grundsätzlichen Unterschiede in der Natur der männlichen und weiblichen Sexualität. Es ist sicher unmöglich, eine leidenschaftliche Beziehung zu leben und gleichzeitig diese Unterschiede abzustreiten. Wer aber das Wesen des Unterschieds zwischen den Geschlechtern erfaßt, der kann lernen, daraus Gewinn zu ziehen, indem er ihn zugunsten beider Partner und zum Vorteil der Beziehung einsetzt. In Wahrheit ergänzen sich diese Unterschiede: Was dem Mann fehlt, hat die Frau im Überfluß, und umgekehrt. Wer lernen will, diese Unterschiede richtig auszunützen, um eine Beziehung zu vervollkommnen statt sie zu belasten und zu zerstören, findet Anregungen in diesem Buch.

Es lebe der Unterschied!

Heutzutage setzen Männer und Frauen ähnliche – und ähnlich große – Erwartungen in eine Beziehung: Wir erhoffen uns voneinander psychologische Sicherheit, wir möchten uns aufeinander verlassen können; wir wollen uns gegenseitig eine

Stütze sein, sowohl was unsere Gefühle betrifft als auch finanziell; wir wollen gemeinsam viel erleben; wir wollen füreinander Spielgefährten sein, aber auch verantwortungsvolle Partner; wir wollen uns durch unsere Beziehung vervollkommnen und hoffen zugleich, daß auch die Beziehung durch uns vollkommen wird, und wir wollen einander bis ans Lebensende lieben.

Daß zwei Partner sich gemeinsame Ziele setzen, kann für ihre Beziehung nur von Vorteil sein. Denn damit verstehen sie sich als geschlossene Einheit, als ein Ganzes, das mehr ist als die Summe seiner Teile. Eine solche Einstellung trägt maßgeblich dazu bei, daß die Partnerschaft hält und gutgeht.

Doch während Männer und Frauen sich in ihren Erwartungen an eine Partnerschaft weitgehend angenähert haben, so wissen wir doch aus unseren Seminaren, daß sie sich sehr wohl stark unterscheiden, wenn es um ihre Wünsche und Bedürfnisse geht.

So ist uns beispielsweise aufgefallen, daß die meisten Frauen das Wort *Intimität* benutzen, um zu beschreiben, was ihnen in sexueller Hinsicht am wichtigsten ist. Sexuelle Intimität, wie unsere Seminarteilnehmerinnen beschreiben, besteht in einer besonderen Art von Nähe; in einer Verbindung, die tiefer ist als jene, die ein Paar körperlich erreichen kann; in einem Gefühl von Gemeinsamkeit, das über eine materielle Partnerschaft hinausgeht. Diese tiefe Verbindung wird von vielen Frauen als seelische Verbindung beschrieben oder als das Gefühl, einen »Seelenpartner« gefunden zu haben. Frauen bringen dieses Gefühl eher mit dem Herzen oder der Seele in Zusammenhang, nicht so sehr mit dem Gehirn oder den Genitalien, obwohl sexuelle Nähe immer auch sexuelle Leidenschaft einschließt. Dies scheint für alle Gebiete zu gelten, nicht nur für Sex. Wer sich auf eine Sache oder ein Vorhaben einläßt, sich darin vertieft, sich hineinsteigert, wird leidenschaftlich-aufgeregt, gespannt, erregt. Mit der sexuellen Intimität verhält es sich nicht anders: Sie berührt eine Frau tief im Innern und erregt ihre Gefühle und ihren Körper.

Vermißt eine Frau in ihrer Partnerschaft diese Intimität, wenn ihr diese Verbindung mit ihrem Partner fehlt, bleibt sie grundlegend unbefriedigt, weil ihr Bedürfnis danach überaus stark ist. Entsprechend schwer fällt es vielen Frauen dann, Leidenschaft und Befriedigung zu empfinden. Je mehr es einer Beziehung an Intimität mangelt, desto leidenschaftsloser und unbefriedigter wird die Frau.

Die meisten Männer hingegen verstehen unter dem Begriff Intimität etwas ganz anderes – zumindest in der westlichen Welt des zwanzigsten Jahrhunderts. Sie geraten regelrecht in Verzückung, wenn sie von einer Frau hören, daß sie sexuelle Intimität will, ja braucht. Denn für sie ist sexuelle Intimität gleichbedeutend mit Geschlechtsverkehr. Doch ist schwer einzusehen, wieso diese Unterschiede zwangsläufig eine Krise heraufbeschwören müssen. Über einen Mangel an sexueller Intimität kann sich die Frau zumindest am Anfang einer Beziehung anscheinend nicht beklagen, gemessen an der sexuellen Leidenschaft, mit der heutige Liebespartner einander begegnen. Nicht anders ergeht es dem Mann, abgesehen davon, daß er stärker auf Sex aus ist. Da fragen sich heutige Paare verwundert: Was kann dann eigentlich noch schiefgehen? Wessen Schuld ist es, wenn's nicht klappt?

Aus solchen Fragen sprechen ein schwerwiegendes Mißverständnis und ein erheblicher Mangel an Verständigung. Wie verbittert und wütend, wie enttäuscht und verletzt, ja bestürzt müssen zwei Menschen sein, denen es nicht gelungen ist, einander ihre grundlegendsten Bedürfnisse mitzuteilen, die einander mißverstanden haben und von falschen Voraussetzungen ausgegangen sind, und das alles vielleicht schon seit Jahren. Man kann sich leicht ausmalen, wie sehr ihre Beziehung darunter leidet.

Weil das Bedürfnis nach sexueller Nähe bei einer Frau so grundlegend ist, braucht sie unbedingt Klarheit, was das für sie persönlich bedeutet, und es ist notwendig, daß sie ihrem Liebespartner ihre Bedürfnisse vermittelt. Das ist gar nicht so leicht. Von ihrem Wesen her und auch in körperlicher Hinsicht sind Frauen sexuell introvertiert, sie *tragen* ihre Sexualität *in sich*. Ihre Geschlechtsorgane, ihre empfindlichsten Körperstellen, liegen innen und sind geschützt. Es ist leicht vorstellbar, wie sich dieser Umstand auf die Fähigkeit einer Frau auswirkt, über ihre tiefsten sexuellen Gefühle zu sprechen – wie sehr sie diese schützen will. Aber eine Frau muß unbedingt in der Lage sein, ihrem Liebespartner zu zeigen, was ihr Nähe bedeutet. Gelingt es ihr, so wird ihre Mühe tausendfach belohnt.

Den meisten Männern fällt es weniger schwer, ihre sexuellen Bedürfnisse mitzuteilen und zum Ausdruck zu bringen, was sie erregt. Die sexuelle Natur des Mannes ist grundsätzlich nach außen gerichtet, und er zeigt eindeutige körperliche Hinweise darauf, was ihn erregt. Sex macht Männer leidenschaftlich. Männer lieben Sex – lieben zwei ineinander verschlungene nackte Körper. Männer sind verrückt nach Frauen, die Sex lieben. Männer finden Intimität ja recht schön und seelische Gemeinsamkeiten bestimmt auch ganz wichtig – doch die meisten, mit denen wir arbeiten, betrachten Sex als Barometer für den Zustand ihrer Beziehung, und zu einer guten Beziehung gehört ihrer Ansicht nach eine ordentliche Dosis Sex. Stark vereinfacht ausgedrückt (denn nicht alle Männer empfinden in gleichem Maße so): Die meisten Frauen erwarten von der Liebe eine innige, gefühlvolle Erfahrung, die meisten Männer ein Erlebnis für ihre Geschlechtsteile.

Manchmal wird dieser Unterschied zum Sprengsatz, der eine Beziehung zerstören kann: Zum Beispiel, wenn sich eine Frau ihrem Partner verweigert, um ihn zu strafen (oft, weil er keine Nähe zwischen ihnen zuläßt), oder weil ein Mann seiner Frau die Nähe, die sie braucht, nicht geben will, nicht mit ihr kuschelt, ihr nie tief in die Augen schaut und ihr nie sagt, daß er sie liebt (oft, weil sie keinen Sex will). Ein solches Paar nähert sich unaufhaltsam der Katastrophe: Je kälter er sie behandelt, desto schwerer fällt es ihr, Leidenschaft zu empfinden; je weniger sie dazu imstande ist, desto kälter wird er. Bei einem solchen Paar hört man bereits die Zeitbombe ticken.

Aber wo ist die Lösung? Als Männer und Frauen haben wir von Natur aus unterschiedliche Bedürfnisse, die sich aus unserer Körperlichkeit ergeben. Sie scheinen zwar nicht einander entgegengesetzt zu sein, aber auch nicht miteinander verbunden. Wie lassen sich diese Unterschiede ausgleichen?

Die Lösung, die wir in unseren Workshops und Seminaren anbieten, beruht zum Teil auf der »tantrischen Lebensweise«, die vor Jahrhunderten für Paare entwickelt wurde. Die tantrischen Texte erklären ausdrücklich, wie die Unterschiede zwischen den Geschlechtern als beglückende Kraft innerhalb einer Partnerschaft genutzt werden können, wie die richtige Verbindung zwischen diesen Unterschieden zu einer beinahe alchimistischen Reaktion führen kann, zu einem Äther, in dem alles aufblüht, in dem der Garten der Beziehung vor Farbe, neuem Leben und Wachstum förmlich überquillt und in dem beide Partner das höchste Glück finden.

Der tantrische Weg

Die sechs Regionen des Körpers
Die fünf Zustände
Sind alle fort und verschwunden
Vollkommen erloschen
Im Freien
Leer
Ich bin allein
Voll Staunen

Die unerreichbare Seligkeit
hat mich verschlungen ...

Pattinattar (ein Tantriker der Tamilen)
aus *The Poets of the Power*, hg. von Kami V. Zvelebil

Die ältesten Spuren tantrischer Rituale sind fast fünftausend Jahre alt. Tantrische Texte tauchen allerdings erst einige Jahrhunderte vor unserer Zeitrechnung auf. Ursprünglich sollen es einhundertacht Bände gewesen sein, in denen das tantrische System festgelegt und seine Praktiken aufgezählt wurden; aber auch zahlreiche Zusätze und Anmerkungen zu diesen ersten Büchern, sogenannte »Erweiterungen«, sind unter dem Namen *Tantra* bekannt geworden. (Das Wort »Tantra« bedeutet Erweiterung.)

Diese alten Bücher bieten ihrem Leser eine vollständige Lebensanleitung: Sie umfassen den materiellen Bereich ebenso wie den geistigen und seelischen. Obwohl Tantra im Ruf steht, das »Yoga des Sex« zu sein, ist der sexuelle Anteil nur ein Bereich – als ein Mittel zum Zweck. Das Tantra verfolgt erhabenere und weiterführende Ziele, als bloß eine perfektionierte Liebestechnik zu vermitteln. Das höchste Ziel ist Einheit. Tantriker streben nach geistiger Verbindung oder Vereinigung, um das individuelle Selbst als Teil des Unteilbaren Alls zu erfahren. Um diese Einheit zu erreichen, wenden sie Methoden der Visualisierung und Meditation an, praktizieren die rituelle sexuelle Vereinigung und eine hochentwickelte Form der Verständigung mit einem Partner.

Auch wenn wir einige der alten tantrischen Lehren aus der Sicht des ausgehenden zwanzigsten Jahrhunderts auslegen, beabsichtigen wir nicht, tantrische Ziele und Methoden durch eigene zu ersetzen. Tantra inspirierte uns, während wir eine Lebensweise entwickelten, die moderne Beziehungen mit einem großen Vorrat an aufbauender Energie versorgen soll, die sexuell, körperlich und kreativ zum Ausdruck kommt.

Bevor wir die Anleitungen dieses Systems im einzelnen vorstellen, wollen wir in das umfassende Weltbild einführen, von dem die tantrische Theorie ausgeht, und deren wissenschaftliche Grundlagen darstellen.

Die höhere und die alltägliche Wirklichkeit

Um die tantrische Philosophie besser verstehen zu können, müssen wir unterscheiden zwischen einer höheren Wirklichkeitsebene, die wir groß geschrieben WIRKLICHKEIT nennen wollen, und unserer mikrokosmischen, alltäglichen Wirklichkeit. Auf dieser kleinen Wirklichkeitsebene besteht ein

grundlegender Gegensatz zwischen Männlichem und Weibli-
chem. Diese Auffassung kennt nicht nur der Osten; viele Kulturen weisen eine solche Unterteilung in ihrer Sprache auf. So
werden in vielen Sprachen Gegenstände und Personen durch
einen je nach Geschlecht unterschiedlichen Artikel ergänzt.
Auch Tantra erkennt, daß alles in dieser Wirklichkeit männliche und weibliche Energien besitzt. In der höheren WIRK-
LICHKEIT aber gibt es diese Gegensätze nicht – sondern nur
das Eine. Tantra bezeichnet es als Shiva-Shakti: die Vereinigung von kosmischem Bewußtsein und kreativer Energie, der
Kraft, die die Schöpfung bewegt, eine vollkommene Verbindung von männlich und weiblich, aus der das unbestimmte
Eine hervorgeht.

Diesen Zustand der Einheit zu erlangen ist das Ziel des Tantra.
Etwas moderner ausgedrückt: Es geht um Selbstverwirklichung,
persönliche Integration oder einfach Ganzheit. Tantriker betrachten eine Partnerschaft als Fahrzeug, das seine Insassen von
der Wirklichkeit in die WIRKLICHKEIT befördert.

Die Wissenschaft
des Tantra

Zu den frühen tantrischen Wissenschaften gehören Mathema-
tik, Medizin, Astronomie, erstaunlich hochentwickelte Theo-
rien über Atome, Schallwellen, Raum und Zeit sowie Alchemie, Chiromantie und Astrologie. Dem Tantra wird die
Entdeckung des Dezimalbruchs und der Null zugeschrieben
und – als Teilgebiet der Humanbiologie – das System der Chakren, der psychischen Energiezentren im Körper. (Das Wort
chakra bedeutet »Räder« oder »Scheiben« von Energie.) Zu
den schönsten tantrischen Kunstwerken zählen Gemälde und
verzierte Tafeln, die diese Chakren bei Männern und Frauen
veranschaulichen. Chakren sind Organe des energetischen
oder *feinstofflichen* Körpers, der als vom äußeren *grobstoffli-*

chen Körper verschieden und unabhängig gilt. Tantriker sehen den Körper aus fünf Schichten zusammengesetzt, den *Kośas* oder »Hüllen«. Die äußerste Schicht bilden Haut und Knochen. Darauf folgt der feinere Lebensatem, eine Hülle von lebendiger Luft. Daran schließen sich die beiden Hüllen des Erkennens und Urteilens an. Die letzte und feinste Schicht bilden die Chakren, das intuitive oder psychische Energiesystem des Körpers, durch das der Mensch körperliche Ekstase und geistige Einheit erlangen kann.

Innerhalb dieses Systems gibt es sieben Hauptchakren; jedes von ihnen kann Energie und psychisches Bewußtsein erzeugen und zugleich speichern. Die Chakren sind mit einer oder mehreren Hüllen verbunden, und zwar durch zarte Kanälchen, den sogenannten *nādis*. Auf diese Weise nährt die Energie jedes einzelnen Chakras den ganzen Körper. Diese Kanälchen ähneln den Meridianen, die in der Akupunktur bekannt sind, und entsprechen unserer Vorstellung von den Nervenverbindungen und Kreisläufen im Körper.

Das System
der sieben Chakren

In der tantrischen Kunst wird jedes der sieben Hauptchakren durch eine eigene Lotusblüte symbolisiert, die sein einzigartiges Wesen darstellt. Jede Blüte setzt sich aus einer besonderen Mischung von Farben, Blättern und symbolischen Mustern zusammen. Jede trägt entweder positive oder negative Ladung, besitzt einen numerischen oder alphabetischen Wert, steht in besonderer Beziehung zu einem der Naturelemente (Luft, Wasser, Erde und so weiter) und zu einem der Sinne (Geschmack, Geruch, Tastsinn und so weiter) und hat bestimmte klangliche Eigenschaften. Die Chakren lassen sich mit den Saiten einer Gitarre vergleichen: Jede Saite schwingt mit einer anderen Frequenz, jede ergibt einen anderen Ton. Mit der

Zeit können sich die Saiten verstimmen, zu hoch oder zu tief klingen; dann müssen sie neu gestimmt werden. Sind sie gestimmt, so klingt die Gitarre wieder harmonisch. Entsprechend befinden auch wir uns in einem Zustand der Harmonie, wenn unsere Chakren im Gleichklang schwingen.

Jedes Chakra ist einer bestimmten Körperregion zugeordnet, und von jedem geht eine besondere Energie, ein besonderer Antrieb aus. Die sieben Chakren liegen auf einer senkrechten Linie in der Körpermitte, entlang der Wirbelsäule:

- Das erste Chakra, am unteren Ende der Wirbelsäule, drängt alten tantrischen Büchern zufolge zum Materiellen, strebt nach Erwerb und Besitz. Ironischerweise haben die körperlichen Funktionen dieser Ebene eher mit Entledigung zu tun.
- Das zweite Chakra befindet sich im Genitalbereich. Von ihm geht der Sexualtrieb aus.
- Das dritte Chakra, das im Nabelbereich liegt, ist Ausgangspunkt des Machtstrebens und beeinflußt das Verdauungssystem.
- Das vierte Chakra befindet sich in der Nähe des Herzens und reguliert die Atmung. Es gilt als Energiequelle für intime Verbindungen.
- Das fünfte Chakra beeinflußt von der Kehle aus das Drüsensystem. Es erzeugt das Bedürfnis nach Verständigung und geistiger Betätigung.
- Das sechste Chakra sitzt zwischen den Augenbrauen, wo es den Verstand erzeugt, und im hinteren Teil des Gehirns, wo es das Bewußtsein beeinflußt und die Fähigkeit zur inneren Einsicht prägt.
- Eine tausendblättrige Lotusblüte stellt das siebte Chakra dar; es befindet sich am Scheitelpunkt des Kopfes, an der Innenseite des Schädeldachs sowie in der näheren Umgebung oberhalb davon. Wenn dieser äußere Teil des siebten Chakras Energie ausstrahlt, sprechen wir von einer Aura.

Angesichts dieses Systems wird ein westlicher Skeptiker wahrscheinlich die Stirn runzeln. Dabei bedienen wir uns durchaus ähnlicher Metaphern, um unsere Auffassung vom menschlichen Körper zu beschreiben. So stellen wir zum Beispiel ganz offensichtlich einen Zusammenhang zum ersten Chakra her, wenn wir einer obsessiven, besitzergreifenden Person »anales Verhalten« zusprechen.

Und schwer zu leugnen ist die ungeheure Aufladung, welche die als zweites Chakra bezeichnete Körperregion bei der sexuellen Erregung erfährt. (Von hier geht der Fortpflanzungstrieb aus – eine unserer kreativsten Energien überhaupt.)

Das dritte Chakra reguliert die Verdauung und steuert den Machttrieb. Wir kennen es unter dem Namen »Solarplexus«,

Das System der sieben Chakren

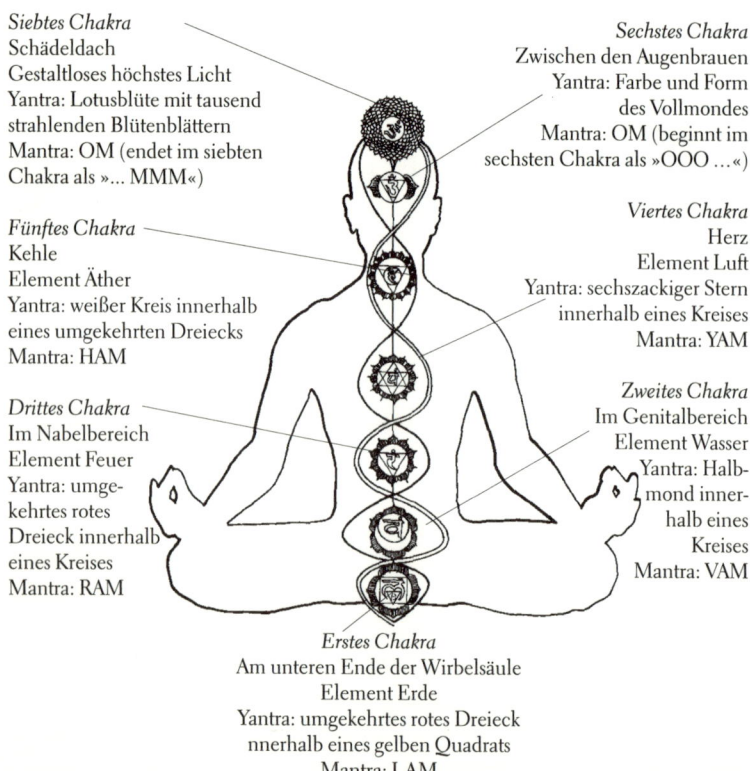

Siebtes Chakra
Schädeldach
Gestaltloses höchstes Licht
Yantra: Lotusblüte mit tausend
strahlenden Blütenblättern
Mantra: OM (endet im siebten
Chakra als »... MMM«)

Fünftes Chakra
Kehle
Element Äther
Yantra: weißer Kreis innerhalb
eines umgekehrten Dreiecks
Mantra: HAM

Drittes Chakra
Im Nabelbereich
Element Feuer
Yantra: umge-
kehrtes rotes
Dreieck innerhalb
eines Kreises
Mantra: RAM

Sechstes Chakra
Zwischen den Augenbrauen
Yantra: Farbe und Form
des Vollmondes
Mantra: OM (beginnt im
sechsten Chakra als »OOO ...«)

Viertes Chakra
Herz
Element Luft
Yantra: sechszackiger Stern
innerhalb eines Kreises
Mantra: YAM

Zweites Chakra
Im Genitalbereich
Element Wasser
Yantra: Halb-
mond inner-
halb eines
Kreises
Mantra: VAM

Erstes Chakra
Am unteren Ende der Wirbelsäule
Element Erde
Yantra: umgekehrtes rotes Dreieck
nnerhalb eines gelben Quadrats
Mantra: LAM

und die Kraft, mit der sich seine Energie körperlich ausdrückt, ist uns durchaus vertraut. Bei vielen Bewohnern der modernen westlichen Welt treten in diesem Bereich Magengeschwüre auf, eine Folge übertriebener Hektik.

Auch das vierte Chakra ist in unseren Begriffen leicht faßbar. Östliche Traditionen schreiben dem Herzen die Herrschaft über Gefühle wie Mitleid, Liebe, Sympathie und innige Vertrautheit zu; die gleiche Auffassung spiegelt sich in westlichen Sprachen. Wir sagen: »Hab' ein Herz!«, wenn wir um Mitleid oder Gnade bitten. Wir sprechen von gebrochenem Herzen, Herzklopfen und Herzleid. Unter einer Situation, die »uns das Herz wärmt«, können wir uns durchaus etwas vorstellen, und wir wissen, daß wir dazu keine Fahrenheit- oder Celsius-Meßskalen benötigen. Wir lassen uns oft »von unserem Herzen leiten« statt von unserem Kopf. Zwar meinen wir damit nicht wörtlich, daß unser Herz uns an der Leine führt, wollen allerdings schon zum Ausdruck bringen, daß unser Herz uns bewegt, leitet und stark beeinflußt.

Wir können auch ohne weiteres zustimmen, daß die Kehle, Sitz des fünften Chakras, für unsere Verständigung zuständig ist und daß in unserer Stimme – als ein Ergebnis von Schwingungen – Energie zum Ausdruck kommt. Es fällt vielleicht schwerer zu verstehen, was das fünfte Chakra mit Spiritualität zu tun haben soll; immerhin wissen wir aber, daß Gefühle auch in dieser Körperregion zum Ausdruck kommen. Es »schnürt uns die Kehle zu«, wenn uns etwas rührt, und in Ausnahmesituationen schlägt uns »das Herz bis zum Hals«. Die symbolische Bedeutung der Kehle als Verbindung zwischen Körper und Geist – wobei der Geist das Tor zur geistigen Einheit darstellt – wird uns deutlich, wenn wir bedenken, daß am Lebensende, vor der letzten geistigen Reise, ein »Sterberasseln« in der Kehle vorkommen kann. Es gilt als der Klang der Seele, wenn sie den Körper verläßt, um sich auf den Weg in die kosmische Arena zu machen.

Das sechste Chakra, Quelle der intellektuellen Energie, der Erkenntnis und der Konzentration, steht für das Gehirn und dessen Kraft. Manche Esoteriker nennen das sechste Chakra das »dritte Auge« und schreiben ihm Kräfte der inneren Einsicht zu.

Jedes Chakra steht also für ein natürliches menschliches Bedürfnis – zu besitzen, sich zu vereinigen, etwas zu erreichen, zu lieben, sich zu verständigen, zu verstehen – und schließlich Höheres anzustreben, über sich selbst hinauszuwachsen in der Berührung des Göttlichen, des kosmischen Bewußtseins oder eines höheren Wesens, wie immer man es nennen will. Von diesen natürlichen Bedürfnissen in Männern und Frauen geht Tantra aus, um darauf eine fortwährend leidenschaftliche, liebevolle Beziehung aufzubauen.

Spiritualität und Sexualität

Viele Traditionen, auch westliche, erlegen dem, der nach einem spirituellen Leben strebt, ein Zölibat auf. Dies gilt auch für Hunderte von Yoga-Schulen, die in sexueller Energie eine spirituelle Kraft sehen, welche für den spirituellen Weg aufbewahrt werden soll. Doch das Zölibat, das dazu motivieren soll, behält die Suche nach einer höheren Bewußtseinsform im Grunde einer Klostergemeinschaft vor; und würde jeder diesem Weg folgen, so würde die Zahl der Menschen, welche sich auf die spirituelle Reise machen, drastisch sinken und schließlich auf Null gehen.

Heutzutage streben auch viele von uns »gewöhnlichen« Menschen nach spirituellem Wachstum. Doch wir wollen zusammen mit einem Partner wachsen. Tantrisches Yoga war der Weg, für den sich Paare schon vor Jahrtausenden entschieden, um mit diesem Dilemma fertigzuwerden; denn das Tantra erlaubt Männern und Frauen, einen Partner zu haben, Sex zu genießen *und* zugleich geistige Erfüllung zu erfahren. Wie ist das möglich? Wie kann Sexualität mit Spiritualität einhergehen – ein scheinbar niederes Bedürfnis und ein so viel sublimeres Erleben? Mit Tantra suchen wir die Antwort darauf in unserem Inneren, im »feinstofflichen« Körper und seinen Energiezentren, angefangen beim »untersten« bis hinauf in den kosmischen Bereich.

Fest zusammengerollt wie eine Sprungfeder, am unteren Ende der Wirbelsäule im ersten Chakra, befindet sich nach der Lehre des Tantra *Kundalini Shakti*. Wörtlich bedeutet das »zusammengerollte weibliche Energie«, doch ist sie bei Männern und Frauen gleichermaßen vorhanden; ebensogut könnte sie »kreative Energie«, »Lebensenergie«, »motivierende Energie« oder auch »Energie des reinen Bewußtseins« genannt werden. Diese Kraft existiert sowohl in uns als auch um uns; wir tragen also in uns, was wir suchen: Jene höhere WIRK-LICHKEIT, nach der wir streben, muß nur in unserem Inneren zum Leben erweckt werden, um uns mit ihr in Verbindung zu bringen.

Wird die »Kundalini«-Kraft geweckt, beginnt sie sich »abzurollen« und damit ihre Energie in den ganzen Körper zu übertragen. Die Wirbelsäule entlang strömt diese Energie dann ins dritte, vierte Chakra und immer höher hinauf. Einem elektrisch aufgeladenen Strom gleich, lädt dieser Energiefluß die sieben Chakren auf, während er zugleich Energie von ihnen aufnimmt, sich immer weiter ausbreitet und das schlafende Bewußtsein weckt. Erreicht die Kundalini-Energie schließlich das oberste Chakra, findet sie ihre Bestimmung: Einheit, geistige Ekstase, auf Sanskrit *Ananda* genannt. Ananda wird auch als *Nirwana*, *Satori*, Erleuchtung, Heiligkeit bezeichnet. Wie uns die tantrischen Texte versichern, können wir alle diesen Zustand erreichen; sie bezeichnen ihn sogar als unser Geburtsrecht.

Dieses tantrische Ziel der Einheit zu erreichen erfordert allerdings oft ein lebenslanges Lernen voller Hingabe. Den Leser dazu zu ermutigen liegt nicht in unserer Absicht, auch wenn es alle Lebensbereiche bereichern mag. In unseren Seminaren ermutigen wir Paare dazu, sich bei ihren Bemühungen um Einheit in ihrer Beziehung dieses letzten tantrischen

Zieles bewußt zu sein. Wer sich beim Erlernen des bewußten Liebens ausführlicher über Tantra informieren will, den verweisen wir auf indische Literatur zu diesem Thema.

Bevor wir unsere nur sehr kurze Beschreibung des Kundalini beenden, müssen wir noch darauf hinweisen, daß diese Energieform bei jedem Menschen in unterschiedlichem Maße entladen wird. Sie kann geweckt, aber nicht »abgerollt« werden; vielleicht wird sie zuwenig erregt und breitet sich nicht im ganzen Körper aus. Oft bleibt sie auch irgendwo nahe ihrem Ausgangspunkt stecken, im zweiten Chakra, wo sie dann sexuell zum Ausdruck kommt, um danach in ihren Ursprung zurückzukehren und wieder einzuschlafen. Kundalini zu früh zu wecken oder ihr »Abrollen« zu erzwingen kann riskant sein. Die Methoden zur Erzeugung und Entladung von Energie, die wir in unseren Seminaren anwenden und die wir hier vorschlagen, sind ungefährlich und sehr sanft. Wer aber bei irgendeiner Übung Unbehagen verspürt, dem empfehlen wir, diese auszulassen. Es lohnt sich zu warten, bis man dafür empfänglicher ist – oder man läßt es einfach ganz bleiben.

Die Wahrnehmung konzentrieren

Trantrisches Yoga soll in einer ruhigen, ausgeglichenen Geisteshaltung ausgeübt werden, was in der Hektik unserer Zeit gar nicht so leicht fällt. Darum bedienen sich Tantriker der Meditation, des bewußten Abwendens von allem Alltäglichen, um einen tiefen inneren Frieden zu erleben.

Tantra bietet mehrere Möglichkeiten an, um diesen Geisteszustand zu erreichen. Eine davon besteht darin, sich zu konzentrieren. Das klingt zwar recht einfach, ist unter Umständen aber schwierig zu bewerkstelligen; um uns dabei zu helfen, bietet Tantra eine Reihe von Meditationen an, die unmittelbar auf das Gehirn einwirken. Sie beruhigen die intellektuell-analytische linke Hirnhälfte, während sie die sinnlich-intuitive rechte Hälfte unterstützen. Die rechte Gehirnhälfte verarbeitet »mystische« Erfahrungen. Wer beim Liebesakt hauptsächlich die linke Gehirnhälfte anspricht, verschließt sich einem Großteil der ekstatischen Möglichkeiten, die tantrische Liebe bietet.

Eine andere Methode, den Geist zu beruhigen, besteht in einer Atemtechnik, die sich »kosmische Verbindung« nennt. Bei dieser Übung konzentriert sich die Aufmerksamkeit auf die Wirbelsäule, zunächst auf das unterste Chakra; man atmet dann langsam und tief ein und macht sich dabei jedes Energiezentrum entlang der Wirbelsäule bewußt, vom Becken bis hinauf zum Schädeldach. Anschließend hält man für ein paar Augenblicke den Atem an. Dabei wird spürbar, wie sich das Schädeldach, der »Sitz Shivas«, mit energiegeladener Luft füllt. Ein langsames, tiefes Ausatmen folgt, man begleitet dabei im Geist den verwandelten Atem, wie er an denselben Energiezentren vorbei, diesmal in umgekehrter Richtung, seinen Weg zurück durch den Körper antritt. Beim untersten Chakra hält man wieder den Atem ein paar Sekunden lang an, konzentriert jetzt die Aufmerksamkeit auf diesen Ursprung der Kundalini-Energie. Danach beginnt der Kreislauf von vorne. Der Rhythmus des Atems gleicht dem von Wellen, die einen Sandstrand überspülen und dann wieder zurückfluten, wobei sie das Ufer wie in einer Liebkosung glätten. Wer es probiert, spürt, wie diese Atemübung erfrischt und beruhigt. Jeder Atemzug belebt jedes einzelne, sich drehende Energierad des Körpers; jedes Ausatmen trägt die ganze Müdigkeit des Tages mit sich davon.

Ein Yoga-Atemzug hat vier Stadien:
1. Langsames Einatmen.
2. Einige Sekunden angehaltener Atem.
3. Langsames Ausatmen.
4. Kurzes Anhalten des Atems vor dem nächsten Einatmen.

Atemübungen als Weg, einen meditativen Zustand zu erreichen, sind ein grundlegender Bestandteil aller Yoga-Schulen. In östlichen Traditionen ist es der Atem, der die Lebenskraft durch den Körper trägt. Den Atem bewußt zu lenken bedeutet zugleich eine Steigerung der Lebensqualität. Für Tantriker ist Atemtechnik eine der wichtigsten Methoden, zwischenmenschliche Harmonie herzustellen, die wiederum die Beziehung bereichert.

Fortgeschrittene Tantraschüler wenden noch zwei weitere, sehr wirksame Methoden an, um ihre Meditationen und ihre körperlichen und energetischen Verbindungen zu vertiefen. Dabei arbeiten sie mit Yantras und Mantras. Yantras, wörtlich »Werkzeuge«, sind symbolische oder archetypische Diagramme. Insgesamt gibt es davon neunhundertsechzig; jedes davon symbolisiert einen bestimmten Teil der Kosmologie. Wie das Mandala, das ja ebenfalls eine graphische Darstellung des Kosmos ist, wird auch das Yantra als »Machtbildnis« angesehen. Seine Geometrie, seine räumlichen Eigenschaften, seine dynamischen Elemente sind darauf angelegt, die Seele anzusprechen und eine bestimmte geistige Reaktion hervorzurufen, in diesem Fall eine Konzentration. Yantras senden Gedankenwellen an die Chakren, die ihnen den Impuls geben: »Erwacht! Reinigt! Aktiviert!« In unseren Workshops bedienen wir uns jener sieben Yantras, die den vorher beschriebenen sieben Chakren entsprechen. Anfänger beginnen damit, die Yantra-Diagramme in aufsteigender Reihenfolge genau zu betrachten. Haben sie sich einmal die Zeichnungen eingeprägt, verfügen sie – in Verbindung mit einem tief empfundenen Bewußtsein der entsprechenden Chakren – über eine sehr wirksame Methode, sich bei der Meditation zu konzentrieren.

Bija Mantra ist eine weitere, fortgeschrittene Technik, um die Chakren zu wecken, zu reinigen und anzuregen. Die dabei verwendeten Mantras klingen ähnlich wie Yantras; ihre vibrierenden Silben regen die sieben Chakren dazu an, in einen harmonischen inneren Akkord einzustimmen. Werden diese Silben wie ein Gesang wiederholt, erzielen sie eine Wirkung wie

44

eine Stimmgabel, die Resonanz erzeugt; sie beruhigen den
Geist und wecken die schlafenden Energien der Chakren.
Den meisten von uns ist die Silbe »OM« bereits bekannt; sie
gilt als »Klang des Universums«. Mit ihr verbindet man das
sechste und siebte Chakra. Die Mantras und die ihnen entsprechenden Chakren sind in der Tabelle auf Seite 37 aufge-
führt.

Auch *Mudras* kommen in der rituellen Konzentration der
Tantriker zur Anwendung. Es handelt sich dabei um Formen
nichtsprachlicher Verständigung, bei denen verschiedene Gesten der Hände und Finger Anteile der höheren WIRKLICH-
KEIT symbolisieren; dadurch werden Energieströme in verschiedene Körperteile geleitet, unter anderem auch in die
Bereiche der höheren Chakren.

Tantriker üben sich auch in Methoden des *Weißen Tantra*,
als Meditationsform und zur Konzentration des Geistes. Das
Weiße Tantra gehört zu den Vorläufern des uns bekannten
Hatha-Yoga. Es bedient sich heilsamer Dehnübungen, die in
Verbindung mit Atmung, Konzentration und »Gefühl« Aufmerksamkeit und Gefühle auf den Körper lenken, wodurch sie
die Chakren anregen. Dieser Umgang mit der Atmung, der
Konzentration und dem Gefühl unterscheidet das Weiße Tantra von den meisten Formen des Hatha-Yoga.

Wir erwähnen einige dieser fortgeschreneren Techniken,
damit jeder die Möglichkeit hat, sich näher damit auseinander-
setzen zu können, sofern er oder sie das will. Zu Beginn des
Tantrastudiums sind diese Techniken ohne weiteres entbehr-
lich; doch bei weiterem Fortschreiten werden sie um so wichtiger. Sie bringen Vielfalt und Tiefe in die Konzentrationsübungen.

Noch ein weiterer Aspekt der Fokussierung im tantrischen
Yoga wäre zu erwähnen, der für die erfolgreiche Gestaltung eines bewußten Liebeslebens wichtig ist, da er sich eher mit dem
Paar als mit dem einzelnen befaßt. Auf die beschriebene Weise
können sich Paare nämlich nicht nur aufeinander besinnen,
sondern auch auf ihre Beziehung. Das ist schwieriger, als es

klingt. Ständig auf das gemeinsame Verhältnis eingestimmt zu bleiben, bewußt und konzentriert, kostet Mühe. Dies macht aber einen großen Teil der tantrischen Disziplin aus, und auch in unseren Programmen spielt es eine äußerst bedeutsame Rolle. Auf den anderen *und* auf das Wir *und* auf das Ich Rücksicht zu nehmen, auf alles stets ein waches Auge zu haben – darin liegt der Schlüssel zu jener leidenschaftlichen und entwicklungsfähigen, vielleicht sogar *revolutionären* Beziehung, die uns Tantra bietet.

Tantrische Harmonie

Wenn Liebe spricht, dann lullt der Götter Stimme
Den Himmel ein durch ihre Harmonie.

William Shakespeare, »*Liebes Leid und Lust*« (IV, 3)

Im letzten Kapitel sind wir kurz auf den Begriff der Gegensätzlichkeit oder Zweiheit eingegangen. Für Kunst, Wissenschaft
und Ritual des Tantra ist er grundlegend. Gegensätze, wie sie
sich im Diesseits und Jenseits ausdrücken, stehen im Mittelpunkt der tantrischen Lebensphilosophie und sind das alles be-
wegende Prinzip in der tantrischen Partnerschaft, die auf der Anziehung der Pole beruht. Bei einem Paar sind diese Gegensätze
zunächst das Männliche und das Weibliche, aber in der Sprache
des Ostens bedeuten diese Begriffe viel mehr als rein biologische
Funktionen. Mit dem Männlichen werden bestimmte, zum Teil
gleiche Eigenschaften verbunden, wie im Westen zum Beispiel
Extrovertiertheit, Entschiedenheit, Festigkeit – dazu kommen
aber in der östlichen Vorstellung auch Licht und Hitze. (Die
Sonne ist ein männliches Symbol.) Das Weibliche hingegen ist
dunkel und kühl – der Mond ist ein weibliches Symbol –, Träger
einer negativen energetischen Kraft, empfangend, aufnahmebe-
reit, in sich gekehrt, intuitiv und ausgleichend. Typische Eigenschaften des Männlichen werden als *Yang* bezeichnet, typische
Eigenschaften des Weiblichen als *Yin*.

Das Ziel des Tantrikers ist es, einen Zustand zu erreichen, in dem die Gegensätze sich aufheben, Yin und Yang in völliger Harmonie sind und die Gegensätze verschmelzen. Auf der spirituellen Ebene entspricht dem ein Zustand der Erfüllung, Ekstase und Einheit. Im weltlichen Bereich ist das Ziel dasselbe: Tantrische Partner sollen so vollkommen zueinander passen wie Yin und Yang. Sie suchen das vollkommene Gleichgewicht, in dem ihre Verschiedenheiten einander ergänzen. Das Ziel ihrer Verbindung – Erfüllung, Liebe, Einheit – ist die Vereinigung in der Ekstase.

Schon von Natur aus verkörpern Männer und Frauen diese Gegensätze. Wenn wir, wie die Tantriker, in energetischen Begriffen denken, dann sehen wir, wie beim Zusammentreffen dieser entgegengesetzten Naturen eine höchst gefährliche Hochspannung entstehen kann, wie wenn zwei geladene Drähte einander berühren. Statt zur Vereinigung kann die Energie des Paares auch zur Spaltung führen; oder aber die aufdringliche Energie der Welt mit all ihren Verpflichtungen und Belastungen kann eine Störung zwischen den Partnern heraufbeschwören, wie ein elektrostatisches Feld oder eine schlechte Telefonverbindung.

Es gibt allerdings Möglichkeiten, diese Störungen zu verhindern: tantrische Übungen, die dem Paar helfen, eine für die Verbindung förderliche Grundstimmung zu schaffen. Diese förderliche Grundstimmung bezeichnen wir als *Harmonie*. Harmonie ist ein Zustand des Gleichgewichts: eines Gleichgewichts zwischen positiv und negativ geladener Energie, zwischen elektrischen und magnetischen Eigenschaften, zwischen Hell und Dunkel, zwischen Innen-Gerichtetheit und Außen-Gerichtetheit. Die meisten von uns kennen Harmonie als ein wunderbares Gefühl von innerem Frieden und innerer Ruhe. Aber wir nehmen eher an, daß uns dieses Gefühl geschenkt wird, daß wir es nicht selbst erzeugen und schon gar nicht absichtlich erhalten können.

Tatsächlich liegt es aber in unserer Macht, Harmonie zu erzeugen – und eben darin besteht das Ziel des tantrischen Paares. Harmonie kann durch Verständigung entstehen. Und wie im Tantra das Männliche und das Weibliche weit mehr als nur unterschiedliche Geschlechter beinhalten, so bedeutet »Verständigung« hier auch sehr viel mehr als nur einfach Reden. Tantrische Paare verständigen sich mit allen ihren Sinnen und auf vielen verschiedenen Ebenen: körperlich, geistig und spirituell – manche würden auch »psychisch« sagen. Ein tantrisches Paar wird durch etwas verbunden, was wir ohne Scheu eine »heilige Gemeinschaft« nennen können.

Der Schlüssel zur Harmonie: die »nährende« Meditation

Die »nährende« Meditation ist eines der einfachsten und zugleich tiefsten tantrischen Geheimnisse, um die Kraft der Liebe in einer Beziehung zu erhalten. Es handelt sich um eine körperliche Form der Verständigung, die Tantriker mindestens zweimal täglich ausüben. Westliche Paare, die im allgemeinen den ganzen Tag voneinander getrennt sind, machen diese Übung meist morgens vor dem Aufstehen und am Ende ihres Arbeitstages, bevor sie schlafen gehen. Dabei muß es nicht zur sexuellen Vereinigung kommen. Ziel der Übung ist es nur, einander zu »nähren« und Zärtlichkeit und Kraft zu geben. Viel zu oft versteifen sich Paare auf den »Alles-oder-nichts«-Sex: Entweder sie »tun es«, oder sie tun überhaupt nichts. Unbegreiflicherweise scheinen viele Paare zu glauben, daß ein leidenschaftlicher Kuß, eine gegenseitige Berührung immer nur dazu da sind, auf das »Eine« hinauszulaufen. Die »nährende« Meditation macht natürlich die Partner einer sexuellen Vereinigung gegenüber offener, als sie es vielleicht sonst gewesen wären, und schafft eine entsprechende Stimmung dafür. Wenn genügend Zeit bleibt, führen viele Paare diese Meditation zu einem vollkommenen sexuellen Ausdruck weiter. Aber Sex ist nicht das Ziel dieser Form der Verständigung, er soll daher auch nicht angestrebt und erwartet werden.

Um die »nährende« Meditation auszuführen, nehmen die Liebenden die »nährende Haltung« ein. Sie liegen wie zwei ineinandergelegte Löffel auf ihrer linken Seite nebeneinander. (Das hat mit dem besonderen Energiefluß zu tun, wie er in tantrischen Texten beschrieben wird.) Der hintere Partner umschlingt den vor ihm liegenden mit seinen Armen. Mann und Frau können beide Positionen einnehmen; innen liegt immer der, der das größere Bedürfnis nach »Nahrung« hat, der besonders müde ist, der an diesem Tag besonders viel Streß erlebt hat.

Worum geht es bei dieser »nährenden Haltung«? Ziel ist es, das für die Harmonie nötige Gleichgewicht zu erreichen, die Partner aufeinander einzustellen, ihre getrennten Energien so umzupolen, daß sie auf der gleichen Wellenlänge liegen. Wenn zwei Liebende so beieinander liegen und ihre Chakren auf der Vorder- und Rückseite sich begegnen, stimmen sich ihre Körper aufeinander ein, ihre getrennten Energiezentren gleichen sich gegenseitig aus und lassen zwischen den Partnern ein Gleichgewicht entstehen. Vermutlich werden keine zwei Paare exakt die gleiche Haltung einnehmen – sie hängt ab von bestimmten Vorlieben, auch von Größe und Gestalt der Partner. Wichtig ist vor allem, daß sich beide Liebende wohl fühlen. Keiner darf auch nur die geringste Spannung empfinden oder eine Haltung einnehmen, die unbequem ist. Wenn die Frau den Mann hält, kann ihre rechte Hand auf seinem Bauch (drittes Chakra) oder auf seinen Genitalien ruhen (zweites Chakra); ihren linken Arm kann sie unter seinen Nacken legen (wobei sein Kopf auf einem Kissen liegen soll, damit sich ihr Arm bewegen kann) und ihre linke Hand auf seine Brust (viertes Chakra) oder auf seine Stirn (sechstes Chakra).

Während die Liebenden so beisammenliegen, sollen sie die Augen schließen und sich entspannen. Ihr Geist wird ruhig, wenn sie sich auf tiefes Atmen konzentrieren. Sie folgen dem Weg ihres Atems, wie er in die Nasenlöcher aufsteigt und dann wieder aus ihnen austritt. Nach einer Weile folgt jeder dem Atem des Partners. Zwei Atemübungen können in dieser Haltung ausgeführt werden. Die erste, die während der ersten Minuten dieser Meditation verwendet wird, heißt *harmonischer Atem*: Das Paar atmet zusammen ein, hält zusammen den Atem an, atmet zusammen aus und hält erneut zusammen den Atem an. Dabei ist der innere Partner der empfangende: Durch seinen Rücken und mit den Chakren nimmt er Energie auf, mit jedem weiteren Atemzug immer stärker. Der äußere Partner ist der Gebende; er sollte jedes Ausatmen betonen und die Energie der Chakren von seiner Vorderseite in den empfangenden Rücken des oder der Geliebten projizieren. Für jedes Chakra, beginnend mit dem Herz-Zentrum, sollten drei volle Atemzüge gemacht werden (einatmen, anhalten, ausatmen, anhalten). Auf das Herz- folgt das Stirn-, dann das Basis-Chakra. Von dort geht man in aufsteigender Richtung ein Chakra nach dem anderen durch, mit Ausnahme der bereits bedachten Herz- und Stirn-Chakren. Es ist wichtig, daß beide Partner sich gleichzeitig auf dasselbe Chakra konzentrieren.

Eine zweite Atemübung, die im zweiten Teil der nährenden Meditation angewendet wird, ist *der gegenseitig aufladende Atem*. Diesmal atmet der eine Partner ein, während der andere ausatmet. Dabei hält immer der eine Partner die Luft mehrere Sekunden lang an, der andere sperrt sie aus. Beide sind sich bei dieser Atemübung immer der Energie bewußt, die der Partner einem gibt, sowie der Energie, die man selbst dem Partner abgibt.

Die nährende Meditation erlaubt es den Liebenden, auf mindestens drei Ebenen miteinander zu kommunizieren: auf der bewußten Ebene von Haut zu Haut; von Atem zu Atem – auf der respiratorischen Ebene; und von Chakra zu Chakra – auf der feinstofflichen Ebene. Mit der Zeit entsteht durch dieses regelmäßige Miteinander eine Art von Synergie, von energetischem Gleichklang zwischen den Chakren der Partner.

Wer erst einmal mit Yantras umzugehen versteht, kann sie auch hier anwenden, indem er sie sich vorstellt, während er die Energien der Chakren spürt. Und wenn die nährende Meditation noch durch tantrische Berührungen ergänzt wird, kann eine noch tiefere Verbindung entstehen. Im Kapitel »Der Tanz der Liebe« (S. 119 ff.), beschreiben wir verschiedene Berührungsmöglichkeiten.

Die Konzentration auf Atem und Energie allein scheint bereits Energie zu erzeugen. Wenn ein Paar das meditative Zusammensein beendet, spüren beide jedenfalls eindeutig mehr Energie als am Anfang. Wenn Liebende jeden Tag mit dieser nährenden Meditation beginnen, »laden« sie nicht nur ihren Partner mit einem Teil ihrer selbst auf und stärken damit ihre Beziehung – sie beginnen auch ihren Tag mit Liebe, stehen mit einem herrlichen Gefühl auf und treten den Aufgaben, die sie erwarten, voll Energie in guter Stimmung entgegen.

Nach Abschluß dieser Meditation, die mindestens zehn Minuten dauern sollte, kann sich eine weitere tantrische Übung anschließen, bevor beide sich dem nächsten Punkt auf ihrem Tagesprogramm widmen (wie Essen zubereiten, mit den Kindern spielen). Beide schauen einander an, schauen *in*einander. Dabei sprechen sie kein Wort; blicken ihrem Partner, mit dem sie sich jetzt so gut verbunden fühlen, nur ins Gesicht. Sie achten auf das Licht, das aus den Augen des Geliebten strömt; es rührt ebenfalls von der nährenden Meditation her – das Licht der Liebe, das aus der Harmonie kommt.

Außer der bereits beschriebenen *nährenden* Meditation sollten die Liebenden auch eine rituelle Vereinigung der Seelen erreichen, und zwar in einer gemeinsamen Meditation, die darin besteht, daß sie einander täglich fünf Minuten gegenübersitzen. Das Paar kann Yantras oder Mantras benutzten, um die Seelen in Einklang zu bringen, oder irgendeine Form der Meditation oder des Gebets. Viele Paare machen das am liebsten am Ende ihres Arbeitstages. Sie gleiten dann oft in die »nährende« Meditation, und alles zusammen bildet für sie eine »glückliche Stunde«.

Es kommt nicht darauf an, wann die Partner diese Meditationen vornehmen – aber es ist sehr wichtig, sie in den regelmäßigen Tagesablauf einzubauen. In ihnen liegt der Schlüssel zur Harmonie.

Das Liebespaar als Team

In tantrischen Büchern erscheint das Liebespaar als ein Team von gleichwertigen Partnern. Das überrascht, wenn wir bedenken, daß tantrisches Yoga seit Jahrtausenden ausgeübt wird, während bei uns die Vorstellung von »gleichwertigen Partnern« ziemlich neu ist.

Wir sind also Partner in einem gemeinsamen Leben, das unser »Spielfeld« ist, in einer Beziehung, die wir als »Spiel« bezeichnen. Um den Vergleich fortzuführen: In einem Spiel müssen sich die Beteiligten an dieselben Regeln halten – was viele Paare aber nicht tun. Viele gehen von ganz unterschiedlichen Voraussetzungen aus, und einige wissen nicht einmal, welche Regeln es gibt.

Unter »Regeln« verstehen wir keine strengen Gesetze, die genau festlegen, wie alles sein soll oder was man tun muß – wir haben die Beziehung ja soeben als Spiel bezeichnet, nicht als Haftstrafe. Aber in jedem Spiel gibt es feste Vereinbarungen, die auch eine Beziehung sich setzen muß – eine Übereinkunft darüber, worum es bei dem Spiel geht und wie die Bedingungen lauten. Ist es eine Romanze für einen Sommer, oder wollen die Partner gemeinsam eine Zukunft aufbauen? Was erwarten beide von ihrem Partner? Welche Rolle fällt jeweils den Liebenden zu? Wer ist der Mittelstürmer? Wer ist der Schiedsrichter? Ist das noch das Spiel, für das sich beide gemeldet haben? Sind sie dabei noch glücklich?

Die Spielregeln dürfen im Laufe der Beziehung natürlich verändert werden – aber niemals einseitig. Die Partner müssen die Regeln gemeinsam neu fassen. Nur eine Goldene Regel darf niemals abgeschafft werden: Beide Partner müssen die Harmonie der Beziehung erhalten, indem sie sich auf intimer Ebene miteinander verständigen und einander nahe sind. Das kann natürlich sexuell geschehen, aber es gibt auch andere Möglichkeiten. Die »nährende« Meditation zum Beispiel bietet eine wertvolle Erfahrung der Nähe, bei der die Partner ihre innersten Energien austauschen. Manche Paare joggen gemeinsam, fahren gemeinsam Rad oder unternehmen zusammen lange Spaziergänge – zum Beweis für ihr gemeinsames Interesse an einem gesunden Körper und einer gesunden Beziehung.

Tantrische Liebende sind einander auch geistig nahe. Sie meditieren gemeinsam, sie teilen ihre Gedanken, Träume Ängste, Hoffnungen und Wunschvorstellungen. Und sie arbeiten miteinander. Auch wenn wir mit unserer gemeinsamen Arbeit vermutlich eine Ausnahme darstellen, sind doch unsere Seminare voll von Paaren, die gelernt haben, die verschiedensten Beschäftigungen miteinander zu teilen: Gemeinsam spülen sie ab, arbeiten im Garten, räumen die Garage auf. Viele machen die Erfahrung: Wenn sie die Kunst der bewußten Liebe üben, entwickeln sie nach einiger Zeit einfach das Bedürfnis, gemeinsam neue Projekte anzugehen. Aber ganz gleich, was für eine Arbeit das Paar gemeinsam unternimmt – gemeinsame Arbeit ist der Eckpfeiler jeder guten Beziehung, denn sie verleiht der Partnerschaft diesen einzigartigen Reichtum, der eben nur aus gemeinsamer Arbeit kommen kann. Gemeinsam ein Projekt oder eine Aufgabe zu meistern symbolisiert die Arbeit an der Beziehung selbst – wer ihr Aufmerksamkeit schenkt, erweist ihr damit Achtung und Liebe. Wenn zwei als Team zusammenarbeiten, sei es im Haushalt, sei es an einem großartigen schöpferischen Werk, dann arbeiten sie auch für das Ziel der Harmonie, dieser Atmosphäre voll Glück, in der die Liebe wächst und gedeiht und die Leidenschaft niemals erlischt. Partner in einem Team helfen einander um der Harmonie willen. Wo einer schwach ist, hilft der andere mit der eigenen Stärke. Liebende stehen füreinander ein, sie stützen einander. Sie bauen einander auf, und *niemals* kommt es vor, daß sie einander unterdrücken – denn sie wissen, daß jede Verletzung des Partners auch eine Verletzung der eigenen Person ist.

Das ist eine wichtige Erkenntnis, die nie vergessen werden darf. Manchmal fällt es allerdings nicht leicht, sich daran zu halten – besonders wenn ein Partner etwas Verletzendes gesagt oder getan hat, was auf Gedankenlosigkeit, Rücksichtslosigkeit oder einfach Verwirrung hinweist. Eine der tantrischen Disziplinen befaßt sich mit genau dieser Situation und schlägt dafür vor, miteinander in einer Weise zu sprechen und umzugehen, die auch im Streit auf Vorwürfe verzichtet. Auf diese Fähigkeit wollen wir im nächsten Kapitel näher eingehen.

Tantrische Verständigung

Denke, bevor du sprichst.

Cervantes, *Don Quixote*, Teil IV, 3. Buch

Bewußtes Lieben verlangt bewußte Verständigung. Das soll nicht heißen, daß wir alle uns eine neue Sprache zulegen müssen. (Obwohl die meisten Paare, die unsere Seminare besuchen, einige Sanskrit-Wörter mit nach Hause nehmen und sie in ihre »Geheimsprache« einbauen, ähnlich wie sie es mit Kosenamen tun.) Es bedeutet aber durchaus, daß wir auf alles aufpassen sollen, was wir sagen, und daß wir lernen sollen, uns mit unserem Partner rituell zu verständigen. Wenn wir uns gekränkt, wütend oder unsicher fühlen, dann müssen wir unserem Partner diese Gefühle mitteilen; denn ungünstige Gefühle, denen wir nicht Luft machen, können eine Beziehung vergiften. Allerdings müssen wir darauf achten, *wie* wir es tun. Wir dürfen unserem Partner nicht die Schuld an unserem Gemütszustand zuschieben.

Sich im Umgang mit einem nahestehenden Partner sprachlich zu beherrschen ist freilich schwer. Irgendwie fällt es uns leichter, unter Fremden darauf zu achten, was wir sagen, als gegenüber dem Menschen, den wir lieben. Offenbar sind wir der Ansicht, es gehöre zu den Vorteilen einer engen Partnerschaft, daß man nicht jedes Wort auf die Goldwaage legen muß. Die tantrischen Schriften sagen zwar nicht ausdrücklich, daß man das tun müsse, sie legen uns aber nahe, sehr genau hinzuhören, wie etwas gesagt wird, und zu bedenken, wie sich die eigenen Worte auslegen lassen könnten. Für Liebespaare ist das besonders wichtig, denn innerhalb einer engen Beziehung wissen die beiden Partner nicht nur, wie sie einander eine Freude machen, sondern auch, wie sie einander verletzen können. Natürlich fallen die meisten kränkenden Bemerkungen unabsichtlich, »rutschen« eher »heraus« wie ein Freudscher Versprecher; aber ihre Wirkung ist deshalb nicht weniger verheerend und zerstörerisch. Tantra verlangt von seinen Anhängern ein bestimmtes Bewußtseinsniveau, damit Störungen der Harmonie, die durch unüberlegte Äußerungen entstehen, vermieden werden.

Gestörte
Harmonie

Geben wir's ruhig zu: Trotz allerbester Absichten und größter Bemühungen ist eine Störung der Harmonie nicht immer zu vermeiden. Wir sind inneren und äußeren Einflüssen ausgesetzt – schließlich sind wir auch nur Menschen. Manchmal verlieren wir den Gleichklang mit unserem Partner. Es kommt vor, daß wir gereizt, verletzt, gehetzt sind. Manchmal langweilen wir uns einfach. Eine Störung der Harmonie muß auch nicht unbedingt schlecht sein – im Gegenteil, die tantrischen Bücher halten eine gelegentliche Störung sogar für nützlich, ja notwendig für Wachstum und Gesundheit einer Partnerschaft. Schließlich sind beide Partner von Natur aus einander entgegengesetzt; beide sind vielschichtige Wesen mit persönlichen Konflikten, Widersprüchen und Unsicherheiten. Hinzu kommt, daß sich beide ständig verändern und entwickeln: Was sie heute sind, kann etwas ganz anderes, ja sogar das Gegenteil von dem sein, was sie gestern waren und

morgen sein werden. Unter diesen Umständen ist ihre Partnerschaft mindestens noch einmal so komplex, wie es jeder
von ihnen als Einzelwesen ist; die Wahrscheinlichkeit einer
gelegentlichen Fehlkombination ist also groß. Man kann
auch niemandem die Schuld daran geben, wenn so etwas passiert. Ohne jegliche Disharmonie würde obendrein unsere
Vorstellung von Harmonie verblassen. Da sich aber die Liebe
in einem Zustand gestörter Harmonie nicht entwickeln kann,
unternimmt das tantrische Paar, dem seine Liebe am Herzen
liegt, sofort geeignete Schritte, um die Harmonie wiederherzustellen. Das gelingt ihm, indem es die verletzten Stellen
mit Liebe behandelt. So wird Disharmonie durch Harmonie
ersetzt und die verletzte Partnerschaft geheilt.

Jene Teile der tantrischen Lehre, die sich auf Konflikte in-
nerhalb der Partnerschaft beziehen, bedienen sich des
Gleichnisses vom Bogenschützen, dessen Pfeil erst dann vor-
wärts fliegt, wenn der Schütze den Bogen rückwärts spannt.
Diese Spannung ist es (oder auf zwei Liebende bezogen: die
Spannung, die entsteht, wenn sie auseinanderstreben), die zu-
sammen mit der folgenden Entspannung den Pfeil (und das
Paar) vorwärts, weiter voran führt.

Wenn eine solche Störung der Harmonie eintritt, dann lassen manche Paare den Streit so lange schwelen, bis die Hitze
einen von ihnen vertreibt. Einer von beiden verläßt dann den
Schauplatz der schlechten Energie; er macht zum Beispiel einen Spaziergang rund um den Häuserblock, um sich inner-
lich abzukühlen. Andere Paare treiben den Streit mit Stiche-
leien und kleinen Bosheiten auf den Siedepunkt. Manche
Paare vermeiden Auseinandersetzung, was aufgrund der
explosiven Möglichkeiten wahrscheinlich der gefährlichste
Kurs ist, wenn er auch als der zivilisierteste erscheint. In jedem dieser Fälle ist das Ergebnis eine Energiespaltung,
gleichgültig, ob offen oder im verborgenen. Wo früher Harmonie war, entsteht jetzt ein Vakuum, wie ein schwarzes
Loch im Weltall. Liebe kann nicht in einem Vakuum leben.
Wenn zwei Partner in dieses metaphorische schwarze Loch

gefallen sind, dann sind sie wie zwei gleiche Magnetpole: Sie ziehen einander nicht mehr an, sondern stoßen einander ab. Ihre Chakra-Systeme funktionieren auf gegensätzlichen Frequenzen und treiben sich buchstäblich auseinander.

Der Meisterschütze läßt den Bogen los, sobald die nötige Spannung erreicht ist und er das Ziel genau im Auge hat. Ebenso ist dem Tantriker bewußt, daß anhaltende Spannung und Disharmonie über einen bestimmten Punkt hinaus eine überflüssige Energieverschwendung bedeutet, bei der sich beide Partner sinnlos verausgaben. Das tantrische Paar, dem es überaus wichtig ist, Harmonie zu erhalten oder wiederherzustellen, fühlt sich dazu verpflichtet, sobald als möglich »loszulassen«. Solange die Partner in dem Konflikt verharren, ihre Kehl-Chakren einander im sprachlichen Kampf gegenüberstehen, können sie weder Ruhe finden noch das Problem lösen, noch den Frieden wiederherstellen. Nichts, gar nichts wird erreicht, solange nicht einer von beiden »losläßt«, also nachgibt.

Bevor wir darauf eingehen, wie die tantrische Verständigung modernen Paaren dabei helfen kann, in einem Streit »loszulassen«, müssen wir auf das Wesen der Harmonie noch genauer eingehen. Von den Paaren, die wir in unseren Seminaren kennengelernt haben, haben wir erfahren: Die meisten Streitigkeiten und Auseinandersetzungen rühren daher, daß sich der eine Partner auf logischer, der andere auf emotionaler Ebene ausdrückt. Anhand einer klassischen Anekdote über ein modernes Paar wollen wir diesen Gegensatz veranschaulichen: Nach einem Gespräch, in dem sich Linda und Sam bedauernd darüber geäußert haben, daß ihre Beziehung nicht mehr so spontan ist wie früher, bereitet Linda als Überraschung einen romantischen Abend vor. Sie bringt die Kinder für die Nacht bei einem Nachbarn unter und kocht zum Abendessen Sams Lieblingsgericht. In ihrer Vorfreude wirft sie sich in ein durchsichtiges hellblaues Hemd, in dem sie sehr sexy aussieht. Sie weiß, daß sie Sam damit verrückt machen wird.

Inzwischen wird Sam von seinem Chef gebeten, heute Überstunden zu machen, um an einem bestimmten Projekt zu arbeiten. Als er zu Hause anruft, ist Linda gerade nicht da, und sie hat vergessen, den Anrufbeantworter einzuschalten. Während des Nachmittags ist Sam derart in sein Projekt vertieft, daß er vergißt, Linda noch einmal anzurufen; als er wieder daran denkt, ist es bereits sieben Uhr und das Telephon besetzt. Statt das Freizeichen abzuwarten, fährt er direkt nach Hause – und bleibt in einem Verkehrsstau stecken.

Endlich daheim angekommen, ist er von der Fahrt ermüdet und gereizt, außerdem hungrig. Er freut sich auf sein gemütliches Zuhause – aber nicht lange. Denn mit Linda stimmt offenbar etwas nicht, sie ist kühl und abweisend. Offenbar hat sie geweint, und so fragt er sie, was denn los ist.

Aber Linda will nicht reden – sie kann Sam kaum anschauen, weil sie so gekränkt ist. Vielleicht hat der Umstand, daß er »nicht da war«, verdrängte Erinnerungen an andere Männer wachgerufen, die auch nicht da waren, als Linda sie gebraucht hätte – ihr Vater zum Beispiel. Oder vielleicht empfindet sie die Situation als demütigend, was sie an frühere Kränkungen erinnert. Was auch immer der wahre Grund sein mag – sie ist jedenfalls durcheinander und reagiert gefühlsbetont. Wenn Sam weiter darauf beharrt zu erfahren, was mit ihr los ist, wird Linda vielleicht sagen: »Du hast alles kaputtgemacht – meine Überraschung für dich, alles.« Oder: »Dir bedeutet es gar nichts, daß ich mir soviel Mühe gegeben habe. Du hast nicht einmal angerufen. Du achtest meine Gefühle überhaupt nicht. Du bist einfach ein Egoist. Du hast mich dazu gebracht, daß ich mich aufrege. Du hast unser Abendessen ruiniert.« Und dann beginnt sie sicherlich zu weinen.

Linda gibt Sam die Schuld an ihrem Zustand. »Du hast es geschafft, daß ich mich aufrege«, wirft sie ihm vor, statt zu erklären: »Ich habe mir Sorgen gemacht«. »Du achtest meine Gefühle nicht«, beschuldigt sie ihn – statt ihm mitzuteilen: »Ich fühle mich verachtet.« Sie in diesem Augenblick auf ihren Fehler hinzuweisen hätte allerdings keinen Sinn.

Sam erklärt, er habe ja versucht, sie anzurufen, aber der Anrufbeantworter war nicht eingeschaltet. Er macht sie auch darauf aufmerksam, daß er ja nicht wissen konnte, daß sie ihn überraschen wollte; daß sie für ihn sehr wichtig ist, daß sie keinen Grund hat, so böse auf ihn zu sein, und daß sie doch nicht weinen solle.

Als Linda Sam sagen hört, sie solle doch nicht mehr böse sein und nicht mehr weinen, schließt sie daraus, Sam wolle ihr damit zu verstehen geben, daß sie im Unrecht sei (er damit im Recht), sie habe keinen Grund für ihre Gefühle. Darüber ist sie empört und zutiefst enttäuscht, und das Gleichgewicht ihres Gefühls gerät noch mehr aus den Fugen.

Je gefühlsbetonter Linda sich verhält, desto mehr bemüht sich Sam um eine vernünftige Verständigung. Doch Linda, geladen wie sie ist, verschließt sich. Sam ist noch immer hungrig und müde, und jetzt fühlt er sich auch noch ungeliebt, mißverstanden und niedergeschlagen. Er erklärt Linda, er gehe sich jetzt einen Hamburger holen und sie solle sich, während er fort ist, doch zusammenreißen.

Lindas Ängste, im Stich gelassen zu werden, erreichen jetzt bald Alarmstufe Rot, und auch Sam ist am Ende. Es kann Tage dauern, bis dieses Paar wieder einen Draht zueinander findet, bis ihnen wieder eine intime Verständigung gelingt. Wenn ein Konflikt nicht vollständig gelöst wird, dann verkriechen sich die Reste in einen finstern Seelenwinkel, bis der nächste Schlag gegen irgendeine Unsicherheit sie wieder zutage fördert.

Wir sehen in dieser Geschichte ein klassisches Beispiel für Gegensätzlichkeit. Denn sie zeigt, was passiert, wenn zwei Partner unterschiedliche Sprachen sprechen und keiner mehr verstehen kann, was der andere sagen will. In unserem Beispiel spielt Sam die logische, männliche, die Yang-Rolle, und Linda übernimmt die emotionale, die weibliche oder Yin-Rolle; beide Rollen sind natürlich auch oft vertauscht. Tatsache bleibt, daß eine Einigung unmöglich ist, solange die Partner auf ihren unterschiedlichen Standpunkten beharren.

Der logische Partner bleibt von der Richtigkeit seiner Vorstellungen überzeugt, weil sie völlig vernünftig sind. Der gefühlsbetonte Partner dagegen besteht seinerseits auf der eigenen Position, weil auch die Wahrheit der Gefühle nicht zu leugnen ist.

Die Harmonie wiederherstellen

Bei dieser Art von Streit, in dem Gefühl und Verstand einander gegenüberstehen, hat es keinen Sinn, wenn der vom Verstand bestimmte Partner versucht, vernünftig zu handeln. Der gefühlsbetonte Partner will in diesem Augenblick nicht überzeugt werden, er kann es auch gar nicht, denn dazu müßte der logische Verstand eingesetzt werden, während in diesem Augenblick Gefühle die Oberhand haben. Wenn Sam zu Linda sagt, sie solle sich zusammenreißen, so ist er auf der richtigen Spur – doch sie möchte zusammengehalten werden.

Hätte Sam dafür Verständnis, so hätte er die Rolle des Beschützers übernommen und Linda zu einer gemeinsamen Meditation eingeladen. Dies ist der erste Schritt, um die Harmonie wiederherzustellen. Wer auch immer von beiden Partnern als erstes bemerkt, was hier vor sich geht, wem trotz der verbitterten Auseinandersetzung klar wird, daß die Harmonie zerstört wurde und die liebevolle Beziehung in Gefahr ist, muß dann nachgeben; er muß etwas sagen wie: »Hör mal, wir reden da aneinander vorbei« oder »Uns fehlt jetzt die nötige Harmonie. Ich glaube nicht, daß wir unser Problem im Augenblick noch durch Reden lösen können. Wir sollten diese Diskussion vielleicht später fortsetzen, wenn wir nicht mehr so aufgebracht sind.«

Der zweite Schritt besteht darin, daß die Person, die als erste nachgeben konnte, vorschlägt, daß sich beide Partner hinlegen und die »nährende« Meditation durchführen, um wieder zueinanderzufinden und die Harmonie wiederherzustellen. Wir sind uns dessen bewußt, daß die »nährende« Meditation nicht unbedingt das erste ist, was einem im Laufe eines Streits in den Sinn kommt; es handelt sich also um eine der »Regeln« oder »Verpflichtungen«, die Tantriker im vorhinein miteinander vereinbaren. Vergessen wir nicht: Unser erster Gedanke hat immer der Harmonie innerhalb unserer Beziehung zu gelten. Sie wollen wir erhalten. Was auch immer sonst noch vor sich gehen mag – die Partner ordnen es diesem Ziel unter. Tantriker wissen außerdem, daß eine geistige, gefühlsmäßige oder körperliche Aussöhnung erst dann stattfinden kann, wenn sich ihre *Energien* versöhnt haben. Bei einer Auseinandersetzung kommt es im Chakra-System gleichsam zu einem Kurzschluß. Die Partner legen sich also auf jeden Fall zur »nährenden« Meditation zusammen, auch wenn sie vorerst das Gefühl haben, daß sich ihre Energien gegenseitig abstoßen.

Damit wandelt sich die Situation sofort. Ein neues Element kommt hinzu, das die Stimmung völlig verändert. So mag zum Beispiel Sam zwar noch immer glauben, daß Linda stur oder kindisch ist – aber er fühlt jetzt ihren Körper neben sich, auch wenn er vielleicht nur die negative Energie wahrnimmt, die sie ausstrahlt. Sam mag Linda zwar im Augenblick nicht anziehend finden – aber seine gezielten Bemühungen, die Harmonie wiederherzustellen, wirken nicht nur als Akt der Solidarität, als Zeichen der Hingabe an die Beziehung, sondern auch als Akt der Meditation, weil er bewußt auf eine verstandesmäßige Form der Auseinandersetzung verzichtet und sich für eine hingebungsvolle körperliche und energetische Verständigungsart entscheidet. Auch Linda beginnt, sich bewußt auf Sam einzulassen, wobei sie sich mit ihm eher passiv als gefühlsmäßig verständigt. Dann beginnen beide bewußt zu atmen. Dabei bemerken sie, daß ihr Atem flach ist und/oder schnell geht. Das Atmungssystem schaltet offenbar unter Streß zum Teil ab, vielleicht im Versuch, den darunterliegenden feinstofflichen Körper zu schützen. Linda und Sam beginnen nun bewußt tiefer und langsamer zu atmen. Sie passen ihren Atem einander an und vereinen ihre Atemzüge.

Hat ein Paar erst einmal die Atmung vereint, setzt der harmonische Wiederaufbau beinahe sofort ein. Innerhalb von fünf Minuten haben die meisten Paare das Problem der auf unterschiedlichen Frequenzen arbeitenden Chakren bereits aufgelöst und sich zumindest auf der feinstofflichen Ebene miteinander ausgesöhnt. Natürlich haben sie den Konflikt selbst noch nicht gelöst – aber nun sind sie wieder zusammen, und nur zusammen können sie den Streit endgültig beilegen.

Es lohnt sich, an Linda und Sam zu denken, wenn wir mit unserem Partner das nächste Mal in Streit geraten, und zu versuchen die nährende Meditation als Mittel einzusetzen, die Harmonie wiederherzustellen. Wenn wir den ganzen Meditationsvorgang durchgehen und wieder zueinanderzufinden beginnen und die Chakren sich wieder aneinander anpassen, dann können wir bewußt versuchen, unser Zusammensein zu fühlen. Die Partner wenden sich einander zu und nehmen Blickkontakt auf. Sie sagen nichts, lassen nur das Licht in ihren Augen sprechen. Wir werden sehen, daß uns die Situation jetzt ganz anders vorkommt, vielleicht überhaupt nicht mehr so wichtig. Trotzdem sollten die Partner zu diesem Zeitpunkt noch keine Aussprache auf der Verstandesebene herbeiführen. Es ist gut, das Ganze am nächsten Tag zu besprechen, wenn keiner mehr wütend oder gekränkt ist. Wenn es sich um ein Thema handelt, über das schon öfters gestritten wurde, ist es vielleicht ratsam, das Gespräch in Anwesenheit eines vertrauten Freundes zu führen. Eine dritte Partei hat oft einen mildernden Einfluß, und viele Paare gehen vorsichtiger miteinander um, wenn der Diskussion ein Dritter beiwohnt.

Wenn die nährende Meditation erst einmal ihre Wirkung erzielt hat und die beiden Partner wieder zueinandergefunden haben, dann ist es an der Zeit, mit dem dritten Schritt zu beginnen: eine rituellen Verständigung, die wir die »Aussprache ohne Tadel« nennen. In dieser verbalen Ausdrucksform der

Liebe und Vergebung äußern beide Partner Bedauern über ihr eigenes Verhalten während der Auseinandersetzung; sie versichern einander ihre Liebe und ihren Wunsch danach, die Harmonie wiederherzustellen. Dann verzeiht jeder Partner dem anderen seinen Anteil an der Auseinandersetzung. Das mag zwar erzwungen klingen, aber ein Ritual ist eine Verhaltensvorschrift, die zu einer viel tieferen Verständigung führt als eine formlose Aussprache. Bei diesem Ritual gestehen die Partner einander, daß sie beide am Streit beteiligt waren, daß jeder von ihnen einen Teil der Schuld daran trägt und daß Liebe, Vergebung und gemeinsame Harmonie stark genug sind, um die Auseinandersetzung zu beruhigen und zu beenden.

Zusammengefaßt empfehlen wir also folgende Drei-Stufen-Methode, um die Harmonie wiederherzustellen:
1. Nachgeben.
2. Zueinanderfinden durch die *nährende* Meditation.
3. Verständigung in einer Aussprache ohne Tadel.

Wenn die Partner bemerken, daß sie erneut miteinander in Streit geraten, sobald sie wieder zu sprechen beginnen, oder sollten sie kein Licht in den Augen ihres Geliebten sehen, dann verzichten sie lieber auf jede Verständigung im Gespräch. Sie werden ihren Streit heute nicht mehr beilegen. Allenfalls können die Liebenden körperlich wieder miteinander in Einklang kommen. *Sie sollten einander länger umarmen. Diese Geste spiegelt ihr Festhalten an ihrer Liebe wider.* Die *nährende* Meditation verhilft den Partnern *tatsächlich* dazu, ihr Gleichgewicht zu finden. Sie funktioniert wirklich. Denn auch wenn sie einander gerade im Kopf und Gefühl gegenseitig abstoßen, so können doch ihre feinstofflichen Körper gar nicht anders, als sich von der energetischen Übereinstimmung beeinflussen zu lassen, die sie bei dieser Übung erreichen. Die Tragfähigkeit des Gleichgewichts schwankt jedoch immer; sollte sie nicht groß genug sein oder der Streit auf eine tieferliegende Ursache hindeuten, dann wird die von beiden künstlich

herbeigeführte Harmonie erneut zerfallen und wiederherge-
stellt werden müssen – so lange, bis sie das eigentliche Problem gelöst haben. Es ist wichtig, diese neu entstandene Harmonie nicht zu sehr zu belasten und weitere Probleme erst in
Angriff zu nehmen, wenn die Partner sich wieder gut und stark
fühlen, nicht sofort nach Eintritt eines unsicheren, zweifelhaf-
ten Friedens.

Und was ist mit Paaren, die sich auseinandergelebt haben,
die sich auf keiner Ebene mehr verständigen können und bereits vergeblich eine Eheberatung aufgesucht haben? Funktioniert die Drei-Stufen-Methode auch bei ihnen? Wahrscheinlich nicht. Wenn die Liebe zwischen zwei Partnern gestorben
ist, kann sie auch nicht mehr wiederbelebt werden. Paare, die
einander auf diese Weise verloren haben, können entweder gar
keine Harmonie mehr erreichen – oder aber nur kurzfristig
und vorübergehend. Das Absterben der Liebe ist ein Verlust,
der ebenso schmerzlich ist wie jeder andere Todesfall auch;
wir halten es für das beste, ihn als solchen zu behandeln –
durch ein rituelles Begräbnis, nach dem das Leben weitergeht.

Bei der großen Mehrheit der Paare, mit denen wir arbeiten,
ist die Liebe allerdings immer noch vorhanden; sie soll gesi-
chert, erhalten, vertieft werden. Diese Männer und Frauen be-
richten uns, daß unsere Drei-Stufen-Methode ihre Beziehung
belebt und ihnen hilft, bei Unstimmigkeiten liebevoller miteinander umzugehen. Es lohnt sich, es zu versuchen. Beim
nächsten Streit schon können die Partner an die Goldene Regel der alles beherrschenden Harmonie denken – und nachgeben. Dann nehmen die Liebenden die Stellung der »nährenden« Meditation ein. Sobald sie spüren, wie ihre Körper
zueinanderfinden, verständigen sie sich rituell in der »Aussprache ohne Tadel«. Sie machen diese Kommunikation persönli-
cher, indem sie Worte ihrer eigenen Wahl verwenden. In unserer eigenen Beziehung haben wir es zum Beispiel hilfreich
gefunden, dem Partner eine »einmalige Verweigerungsklau-
sel« zu gewähren: Wenn zwar ein Partner nachzugeben bereit
ist, der andere aber noch »auf stur schaltet«, dann bleibt

demjenigen, der sich noch nicht versöhnen will, eine Frist von zehn bis fünfzehn Minuten. Vor der »nährenden« Meditation geht dann der noch immer Gekränkte oder Wütende unter die Dusche; danach nimmt er die innere, empfangende Stellung in der »nährenden« Meditation ein. (Die Dusche ist wichtig; Tantriker nehmen ein rituelles Bad, um Körper und Seele zu erfrischen. Die meisten Menschen sind verblüfft darüber, wie schnell sich daraufhin die Energieebenen bezüglich einer Wiedererrichtung der Harmonie ändern.)

Liebesgaben

Während die drei Schritte zur *Wiederherstellung* der Harmonie innerhalb einer vorübergehend gestörten Beziehung verhelfen, kann eine weitere wichtige Verständigungsform die Harmonie *erhalten*, sofern sie regelmäßig angewendet wird. Die Liebe wird oft als das größte aller Geschenke bezeichnet, vielleicht, weil sie so geheimnisvoll ist. Wir wissen nicht, woher sie kommt; wir können sie nicht einmal ordentlich beschreiben. Um ihre Dankbarkeit für das Geschenk der Liebe zu zeigen, überreichen Tantriker einander häufig Geschenke. Diese Geschenke können ganz greifbare Sinnbilder der Liebe sein. Blumen beispielsweise haben schon immer und in jeder Kultur zu solchen zeremoniellen Zwecken gedient. Sie sind die idealen Geschenke, die Paare einander machen können; denn sie symbolisieren Leben und Wachstum, sie bringen Duft, Farbe und Schönheit. Geschenke können auch mit Worten überreicht werden: »Ich liebe dich« oder »Du siehst großartig aus«. Sie können auch in etwas so Wertvollem wie Diamanten bestehen. Wie viele tantrische Künste und Rituale symbolisiert auch das Schenken eines Liebespfandes etwas Größeres, Tieferes. Tantriker betrachten ein Geschenk als Opfergabe, und indem sie es einem anderen darbieten, ehren sie ihn.

Als Liebesgabe kommt alles in Betracht, was dem Beschenkten Freude macht. Da es ein Symbol sein soll, kann es auch etwas ganz Einfaches sein. Liebende können einander zum Beispiel mit Theaterkarten oder mit einem Abendessen in einem Restaurant überraschen; sie können an unerwarteten Stellen Liebesbriefe hinterlegen. Einer kann für den anderen eine Lieblingsmahlzeit zubereiten, ihn massieren oder ihm das Auto waschen.

Auch ein Kompromiß kommt als Geschenk in Betracht, und ganz bestimmt kann in ihm Liebe zum Ausdruck kommen: Wenn sie zum Beispiel mit ihm Skifahren geht, obwohl sie lieber einkaufen oder zu Hause bleiben würde; oder wenn er mit ihr tanzen geht, obwohl er sich viel lieber im Fernsehen eine Sportübertragung ansehen würde. Kompromisse und erst recht Zugeständnisse gewinnen eine völlig neue Bedeutung, wenn ihr höchstes Ziel Harmonie ist. Tantriker wissen, daß sie einen anderen Menschen nie wirklich glücklich *machen* können – sie können ihrem intimen Partner allerdings *Gründe* geben, sich glücklich und geliebt zu fühlen. Dies gilt als heilige Pflicht jedes Partners. Versuchen wir also, einander täglich eine Freude zu machen – auf jeden Fall aber beschenken wir einander jede Woche.

Tantrisches Heilen

Führe mich vom Unwirklichen zum Wirklichen!
Führe mich aus der Dunkelheit ins Licht!
Führe mich vom Tod zur Unsterblichkeit!

Brihadaranyaka Upanishad

Wie uns die Übungen des Tantra auf der physischen, intellektuellen und spirituellen Ebene ansprechen, haben wir bereits erläutert. Manche Bereiche des Tantra beziehen alle drei Ebenen zugleich ein. Als wir die tantrischen Schriften studierten, erkannten wir, daß sich eine Weiterentwicklung der heilenden Aspekte des Tantra besonders gut dazu eignet, solche Verletzungen zu behandeln, die wir als »psychosexuelle Wunden« bezeichnen möchten.

Von »Weiterentwicklung« sprechen wir deshalb, weil jene Art von Heilung, derer tantrische Paare vor fünftausend Jahren bedurften, nicht zu vergleichen ist mit derjenigen, die wir heute nötig haben. Der Hindu von einst, der tantrisches Yoga praktizierte, erfuhr und lehrte das sexuelle Spiel und die sexuelle Vereinigung als einen Akt der fröhlichen Feier, als Beweis der Verbundenheit, als symbolische Bestätigung der Einheit, die der Beziehung eines Paares zugrunde liegt, und als Mittel zu spirituellem Wachstum. Die Kunst der sexuellen Liebe war die edelste aller fünfundsechzig Künste und Wissenschaften, die ein gläubiger Tantriker zu beherrschen suchte. Daher gab es kaum sexuelle »Komplexe«, und tantrisches Heilen bedeutete etwas ganz anderes als das, was wir heute darunter verstehen.

Interessanterweise sprechen die tantrischen Bücher von unserer gegenwärtigen Epoche als einer Zeit der Finsternis: *Kali*

Yuga auf Sanskrit. Dabei weisen sie ganz deutlich auf den primitiven Zustand unserer sexuellen Kultur hin. Auch die *Veden** nennen unsere Epoche eine Zeit der Finsternis, in der »die Gesellschaft in einen Zustand gerät, in dem Besitz Ansehen verleiht, Reichtum zur einzigen Quelle der Tugend ... und Falschheit die Wurzel des Erfolgs im Leben wird ... und in dem äußerlicher Prunk mit innerer Religiosität verwechselt wird«.

Zum Glück sind wir, so heißt es ebenfalls in diesen Schriften, schon fast am Ende dieser Epoche angelangt; bald werden wir die Zeit der Wahrheit erreichen, *Satya Yuga*. Und tatsächlich sehen wir Zeichen dafür, daß wir uns in diese Richtung bewegen. Immer mehr Menschen bemühen sich, sich selbst und den anderen besser kennenzulernen; sie wollen Licht in die Finsternis bringen, die sie in ihrem eigenen Inneren spüren; sie wollen auch für andere einen gangbaren Weg finden und diese unsere Welt besser machen, sei es mit einem Partner, sei es allein.

Die 64 »anderen« Künste (nach dem Kamasutra von Vatsyayana)

1. Singen
2. Musikinstrumente spielen
3. Tanzen
4. Die Verbindung von Tanzen, Singen und dem Spielen auf Instrumenten
5. Schreiben und zeichnen
6. Tätowieren

---

* Anm. d. Red.: Die *Veden* (von Sanskrit *veda*, »Wissen«) sind heilige Texte des Hinduismus, die etwa zwischen 1800 und 1200 vor Christus entstanden sind und in der vedischen Sprache, einer Form des Sanskrit, niedergeschrieben wurden. Zu ihnen zählen unter anderem rituelle Gesänge, Opfersprüche, Gebete, magische Formeln und Mantras.

7. Eine Götterstatue bekleiden und mit Reis und Blumen schmücken
8. Blumen ausbreiten und stecken
9. Zähne, Kleidung, Haar, Nägel und den übrigen Körper färben
10. Buntes Glas in den Boden einlegen
11. Betten machen, Teppiche und Kissen bequem zum Liegen richten
12. Spielen auf klingenden, mit Wasser gefüllten Gläsern
13. Wasser in Aquädukten, Zisternen und Behältern sammeln und halten
14. Bilder herstellen, putzen und schmücken
15. Rosenkränze, Halsketten, Girlanden und Kränze auffädeln und flechten
16. Turbane und Kränze für den Kopf flechten, Kronen und Schleifen aus Blumen machen
17. Szenische Darstellungen, Bühnenspiele
18. Schmuck für die Ohren machen
19. Parfüms und andere Wohlgerüche herstellen
20. Juwelen und Schmuck richtig anordnen, die Kleidung verschönern
21. Zauberei und Hexenkunst
22. Geschicklichkeit der Hände
23. Kochkunst
24. Limonaden, Sorbets, säuerliche Getränke, ätherische Extrakte mit gutem Geschmack und schöner Farbe herstellen
25. Schneidern und nähen
26. Aus Fäden und Garnen Quasten, Blumen, Troddeln, Knöpfe und ähnliches herstellen
27. Rätsel lösen
28. Geschicklichkeit in einem Reimspiel, bei dem der Spieler einen Vers mit einem Wort beginnen muß, welches mit dem gleichen Buchstaben beginnt, mit dem der Vers des letzten Spielers endet
29. Die Kunst des Nachahmens
30. Vorlesen, auch intonieren und psalmodieren

31. Üben von schwer auszusprechenden Sätzen – ein Spiel, das bei Kindern beliebt ist
32. Übungen mit Schwert, Knüppel, Fechtstock, Pfeil und Bogen
33. Schlüsse ziehen, überlegen und argumentieren
34. Tischlerarbeiten
35. Architektur
36. Kenntnis der Gold- und Silbermünzen, Juwelen und Gemmen
37. Chemie und Mineralogie
38. Färben von Juwelen, Gemmen und Perlen
39. Kenntnis von Bergwerken und Steinbrüchen
40. Gärtnerei
41. Hahnenkampf, Wachtelkampf, Widderkampf
42. Papageien und Stare sprechen lehren
43. Den Körper mit wohlriechenden Salben einreiben, das Haar mit Salben und Parfüms behandeln und aufstecken
44. Chiffrierte Botschaften lesen
45. Mit Worten in veränderter Form sprechen
46. Kenntnis fremder Sprachen und volkstümlicher Dialekte
47. Wagen mit Blumen schmücken
48. Mystische Diagramme verfassen, Zaubersprüche anwenden, Armbänder knüpfen
49. Geistige Übungen, wie zum Beispiel Stanzen oder Verse vollenden, die man halb fertig erhält, oder Sätze, die durch Zeichen und Symbole dargestellt werden, in Verse oder Prosa fassen
50. Gedichte schreiben
51. Kenntnis von Wörterbüchern und Vokabelsammlungen
52. Sich verkleiden, die Erscheinung eines Menschen verändern
53. Wissen, wie man die Erscheinung von Dingen verändern kann, so daß zum Beispiel Baumwolle so wirkt, als wäre es Seide
54. Verschiedene Arten von Glücksspielen
55. Die Kunst, durch Mantras oder Zaubersprüche den Besitz von anderen an sich zu ziehen

56. Geschicklichkeit in jugendlichen Sportarten
57. Kenntnis der gesellschaftlichen Regeln; Wissen, wie man anderen Achtung erweist und Komplimente macht
58. Beherrschen der Kriegskunst
59. Geschicklichkeit in der Gymnastik
60. Die Kunst, den Charakter eines Menschen in seinen Zügen zu lesen
61. Verse skandieren und dichten
62. Unterhaltung mit Zahlen
63. Herstellung künstlicher Blumen
64. Statuen und Figuren aus Ton machen

Sex im Zeitalter der Finsternis

Versuchen wir nun, etwas Licht auf jene Probleme zu werfen, die wir Kinder des Finsteren Zeitalters zu bewältigen haben. Beginnen wir mit den mehrdeutigen Botschaften, die wir seit unserer Kindheit über Sex erhalten. So kommen die meisten Kinder zum Beispiel schon sehr früh darauf, wie angenehm das sexuelle Gefühl bei der Selbstbefriedigung ist – aber sogleich wird ihnen energisch erklärt, daß sie das nicht tun sollen. Die meisten Religionen versuchen, das Sexualleben zu reglementieren, indem sie uns mit Geboten und Verboten vorschreiben, wann wir was tun dürfen; wer nicht gehorcht, den trifft die göttliche Strafe. Unsere Körper geben kein moralisches Urteil über Sex von sich, aber viele von uns verinnerlichen die Ansichten der Kirche und die Meinungen unserer Eltern. Selbst wenn wir später nicht mehr daran glauben, tragen wir doch noch immer den Leitsatz mit uns herum: Sex ist böse – außer unter genau festgelegten Umständen. Auch noch während der sexuellen Revolution, als man eine relativ unbeschwerte sexuelle Freizügigkeit genoß, waren sich viele Menschen nicht sicher, ob das auch »richtig« war. Ein oder zwei

Jahrzehnte reichen selten aus, um die Vorurteile einer früheren Generation loszuwerden.

Infolgedessen tragen heute noch viele Menschen in den sexuell besten Jahren – zwischen Dreißig und Sechzig – ein vages Schuldgefühl in bezug auf ihre Vergangenheit mit sich herum, sei es nun berechtigt oder nicht. Indem die Sexualität mit Schuldgefühl verquickt wird – der Definition nach »der Zustand, nach dem ein Vergehen oder Verbrechen gegen die Moral oder das Strafgesetz begangen wurde« –, erscheint sie abstoßend und wird kriminalisiert. Und wie Schuld oft Gewissensbisse nach sich zieht, so kann das dann auch auf Sex zutreffen. Wem die »Stimme des Gewissens« sagt, daß er etwas Böses tut, weil er nicht verheiratet ist oder weil mit dem Liebesakt nicht zwangsläufig die Zeugung von Nachkommenschaft verbunden ist oder weil jemand glaubt, des Vergnügens unwürdig zu sein, das die Liebe bereitet – der wird von Schuldgefühlen und Gewissensbissen gequält.

Seitdem es Aids gibt, haben wir uns außerdem rasch daran gewöhnt, Sex mit der Möglichkeit zu verknüpfen, daß wir uns mit dieser Krankheit anstecken. Das ist zwar nichts Neues – sexuell übertragbare Krankheiten gibt es seit Jahrhunderten. Wir kamen allerdings als Glückskinder zur Welt; die moderne Medizin bot uns die Mittel, diese bedrohlichen Krankheiten zu vermeiden – bis dann Aids kam.

Des weiteren verbinden wir Sex mit Scham. Schon als Kinder lernen wir, daß wir unsere Genitalien nicht vor anderen berühren und nicht darüber sprechen sollen. Über andere Teile des Körpers darf man sprechen, aber nicht über jene des zweiten Chakras. Selbst unsere Ärzte, ja sogar bewußt ganzheitlich eingestellte Heiler vermeiden es, die Sexualorgane zu erwähnen. Massage zum Beispiel gilt so lange als anständig, als sie den Sexualorganen fernbleibt.

Bei den Paaren, mit denen wir arbeiten, finden wir immer wieder ungünstige Prägungen, die sich auf die Sexualorgane beziehen. So finden wir zum Beispiel sowohl bei Männern als auch bei Frauen ablehnende Assoziationen, was die Monatsblutung betrifft. Vielen Männern ist die ganze Sache peinlich und unangenehm. Bei Frauen spielt natürlich auch die Angst vor Schmerzen eine Rolle, die Angst vor Peinlichkeit, vor »kleinen Unfällen«, vor den Verwirrungen der Gefühle, die eine Menstruation oft begleiten. Wir alle verbinden Blutverlust mit Trauma und Verletzung, und keiner will das zu genau wissen. Unfreiwillige Erektionen und vorzeitige Ejakulationen machen Männer unsicher. Der Orgasmus selbst ist eigentlich ein unkontrollierter körperlicher Krampf. Und wir alle haben uns irgendwann einmal über das Aussehen unserer Sexualorgane Sorgen gemacht. Sind sie zu klein oder zu groß? Haben sie die richtige Form? Riechen sie vielleicht unangenehm?

Viele von uns hörten viel zu oft die wahrlich krankhafte Auffassung: »Anständige Mädchen tun das nicht.« Den Jungen wurde beigebracht, daß sie nur ein Mädchen »lieben« dürften – »lieben« im Hinblick auf die Ehe oder zumindest eine ernste Verbindung –, das »so etwas« nicht tat. Die Mädchen hörten das gleiche; entsprechend entsetzt waren (oder taten) sie, wenn ein Junge sie zu berühren versuchte: »Für was für eine hält er mich denn?« Eines wurde uns jedenfalls klargemacht: »Liebe« schließt Sex aus – und umgekehrt.

Selbst wenn wir darin eine inzwischen altmodische Ansicht erkennen, so tragen dennoch viele von uns diese alte Programmierung mit sich herum. In den meisten Fällen hindert sie uns nicht daran, einen Partner zu finden und zu lieben; trotzdem bricht die alte Prägung immer wieder durch und beeinflußt die Art und Weise, wie wir uns selbst, unsere Sexualität und unsere Beziehungen sehen. Selbst wenn unser sexueller Lebenslauf keine offenkundigen Brüche aufweist, so übt er doch oft eine verdeckte Wirkung auf unsere Liebesfähigkeit aus, ebenso wie auf unsere Offenheit, Liebe auch sexuell zu erfahren.

Und als ob diese schlechten Prägungen unserer Sexualität nicht schon Hindernis genug wären, belastet uns Kinder des Zeitalters der Finsternis zusätzlich der Umstand, daß wir auf sexuellem Gebiet völlig ungebildet sind. Im Unterschied zu den östlichen Tantrikern von einst, erleben wir unser sexuelles Erwachen ungeschickt, ängstlich und ziemlich ahnungslos. Auch weltgewandte, sexuell erfahrene, gebildete Menschen lassen sich oft von ganz falschen sexuellen Vorstellungen und Informationen leiten. Selbst nach langjährigen sexuellen Beziehungen wissen viele von uns oft nicht, welche ungeheuren Möglichkeiten darin liegen.

Während alle bislang aufgeführten Einflüsse im Grunde *von außen* kommen, schleppen wir zusätzlich sehr persönliche Erinnerungen mit uns herum, die noch mehr Gewicht haben als die kulturellen Vorurteile. Unsere persönlichen sexuellen Erfahrungen haben uns womöglich vielmehr enttäuscht, verletzt und geängstigt als uns Freude bereitet. Den tantrischen Schriften zufolge sind solche Erfahrungen ebensosehr ein allgemeines Symptom des Zeitalters der Finsternis überhaupt, wie sie das Werk jedes einzelnen sind.

Es ist klar, daß sich diese vielen schlechten Einflüsse auf unsere gegenwärtige und künftige Sexualität nur schädlich auswirken können. Die Anwendung tantrischer Lehren kann aber die Wunden heilen, die unsere eigene sexuelle Geschichte, sowohl die persönliche wie die kulturelle, uns geschlagen hat. Daß dies möglich ist, haben wir in unseren Seminaren immer wieder erlebt. Tantra geht die Verletzungen bei ihren tiefsten Wurzeln an. Es umfaßt jeden dunklen oder Yin-Aspekt und stellt ihm die entsprechende helle oder Yang-Qualität gegenüber. Tantrisches Yoga ist ein Balanceakt.

Wenn die Harmonie gestört scheint, dann verändern tantrische Liebespartner ganz bewußt und absichtlich die Stimmung, indem sie die widerstreitenden oder ungünstigen Regungen ihrer Körper ausgleichen. Wenn Tantriker Liebe machen, wecken sie ihre Energiepunkte oder Körperchakren, um Yin und Yang ins Gleichgewicht zu bringen, das Weibliche und das Männliche, das Negative und das Positive. Auf die gleiche Art können wir die falsche sexuelle Vorbelastung, die wir in eine Beziehung einbringen, wieder ausgleichen.

Tantra bemüht sich gezielt um jenen Bereich, dem seelische oder körperliche Verletzungen zugefügt worden sind; es benutzt die Liebe als eine Salbe, ein Stärkungsmittel, ein Trostpflaster für sexuelle Wunden.

Heilung
durch Licht

Jedes System der Psychotherapie – ob von Freud oder von Jung, ob Gestalt-, Gruppen- oder Individualtherapie – beginnt im Grunde mit der Forderung, Licht auf das jeweilige Problem zu werfen. Etwas zu erhellen ist eine sehr positiv geladene, eine typische Yang-Geste, die sich unmittelbar auf eine negativ geladene Situation auswirkt. Der tantrischen Vorstellung nach schlagen sich verletzende Prägungen durch sexuelle Vorurteile und schlechte Erfahrungen im Bereich des zweiten Chakra nieder – so wie übrigens Verletzungen durch Ehrgeiz oder Angst im Bereich des dritten, ein gebrochenes Herz im vierten Chakra! Nach den Grundsätzen des tantrischen Heilens müssen wir uns unmittelbar dem betroffenen Chakra zuwenden.

Wir gehen den ersten Schritt zur Heilung unserer sexuellen Wunden, indem wir das zweite Chakra beleuchten, so daß wir »sehen« können, was den Kurzschluß, die Blockade, die Angst, die Kälte oder die Verrücktheit bewirkt. Um das Licht hervorzurufen, das uns durch die Finsternis führt und Durchblick verschafft, benutzen wir tantrische Meditationstechniken. Im Kapitel »Der tantrische Weg« (S. 33 ff) haben wir verschiedene Übungen betrachtet, die uns helfen können, uns zu konzentrieren. Jede davon kann uns in einen meditativen Zustand versetzen, und dieser Zustand ist gleichzeitig die erste und wichtigste Lichtquelle, denn er hebt uns aus unserem niedrigeren Selbst auf eine höhere Bewußtseinebene empor.

Sobald wir diesen Zustand erreicht haben, konzentrieren wir uns auf das zweite Chakra. Das Yantra oder Zeichensymbol des zweiten Chakra ist die Mondsichel innerhalb eines Kreises (siehe die Tafel auf Seite 37). Wir stellen uns dieses Zeichen auf einer Tür vor, die in einen dunklen Raum führt, der mit privaten sexuellen Besitztümern angefüllt ist. Diesen Raum müssen wir betreten und dabei eine Laterne hochhalten, um die Finsternis zu besiegen. Wir müssen den Raum durchqueren und an allem vorbeigehen, was darinnen liegt, um mit unseren ganz privaten Hindernissen fertigzuwerden. Jedesmal, wenn ich diesen Raum mit einem Licht betrete, mache ich ihn damit ein bißchen heller.

Westliche Therapien verlangen, daß der einzelne diesen Raum seiner Vorurteile und Erfahrungen allein betritt. Wohl kann sich der Klient einen geistigen Führer vorstellen, und vielleicht wird er von einem Therapeuten oder einem Berater auf seinem Weg gestützt – aber durchschreiten muß er diesen Raum allein.

Das tantrische Yoga hingegen regt das Paar dazu an, die Reise *gemeinsam* anzutreten. Mit vereinten Kräften fällt es ihnen leichter, ihre inneren Türen zu öffnen, und ihre gegensätzlichen Naturen können einander ins Gleichgewicht bringen und heilen.

Partner als Heilende

Im Tantra heilen die Partner einander, indem einer im anderen Licht erzeugt wie in einer Art Strahlungstherapie gegen Schmerz, Angst oder Mißtrauen. Dabei gehen sie eine tiefe Verbindung ein. An dieser Verbindung sind zwei Formen von Energie beteiligt: die Energie der Nähe und die Energie der sexuellen Leidenschaft. Dies sind die beiden wichtigsten Bestandteile der tantrischen Liebe.

Die tantrischen Schriften sehen im vierten oder Herz-Chakra, dem Sitz der Intimität, ein Zentrum deutlich abnehmen-

der Energie bei Männern, deutlich zunehmender Energie
hingegen bei Frauen. Das vierte Chakra des Mannes können
wir uns als ein Rad vorstellen, das sich gegen den Uhrzeigersinn dreht; bei der Frau dagegen dreht es sich mit dem Uhrzei-
ger. Sein Rad dreht sich zurück, ihres dreht sich vorwärts. Das
ist die Natur von Frauen und Männern, sagen die alten Schriften. Aus diesem Grund entsprechen bei den meisten Männern
irgendwelche psychosexuellen Schwierigkeiten und schlechten sexuellen Prägungen, die ihren Sitz im zweiten Chakra haben, einer negativ geladenen Stimmung im vierten Chakra;
das äußert sich oft darin, daß sie Schwierigkeiten haben, Vertrautheit auszudrücken und zu erreichen.

Das zweite Chakra, der Sitz der sexuellen Energie und des
sexuellen Antriebs, ist bei Frauen ein Zentrum rückläufiger
Energie, bei Männern dagegen ein Punkt, in dem Energie aufgebaut und in Stärke umgewandelt wird. Ungünstige sexuelle
Einflüsse von außen werden in das negativ geladene zweite
Zentrum der Frau gezogen; hier setzen sie sich fest als Schwierigkeit, sich sexuell ausdrücken zu können, oft sogar als
Schwierigkeit, überhaupt eine nur einigermaßen befriedi-
gende Sexualität zu leben.

Männer sind also genau dort stark, wo Frauen ihre Schwäche
haben – und umgekehrt. Gemeinsam können Partner ihre
Schwächen ausgleichen, indem sie einander das Geheimnis
ihrer jeweiligen Stärke offenbaren. Sie können die Kunst, die
Wissenschaft, das Ritual des tantrischen Liebens nutzen, um
ein besonders heilkräftiges Yoga zu entwickeln– und dadurch
eins zu werden. Sie können so Türen für- und zueinander öffnen; dunkle Erinnerungen durch eine helle Gegenwart ersetzen; die Bedeutung von Sexualität und Partnerschaft neu verstehen lernen; und Eifersucht, Besitzgier und andere böse
Geister der Vergangenheit bannen. All das gelingt den Liebenden dank einer umfassenden Selbstsicherheit, die ihnen Tantra vermittelt.

Zweiter Teil

Liebesglück
und
sexuelle Ekstase

Die Göttin
erwacht

Niemals stirbt der Geist des Tals;
Es ist die Frau, die Große Mutter.
Ihre Pforte ist das Dach des Himmels und der Erde ...

Laotse, *Tao-te-king*, Nr. 6

Die tantrischen Bücher bezeichnen unsere Zeit als das Ende der *Kali Yuga*, des Zeitalters der Finsternis. Dieses Zeitalter soll vor etwas über zweitausend Jahren begonnen haben. Den tantrischen Texten zufolge ist es gekennzeichnet von Elend, Krieg, Korruption – und der Unterdrückung der weiblichen Macht. Metaphorisch gesprochen hat die Hindu-Göttin Shakti, die Verkörperung des weiblichen Prinzips, seit mehr als zweitausend Jahren geschlafen. Warum dauerte der Schlummer der Göttin so lange? Darüber gibt es viele Mythen. Eine Erklärung besagt, daß der Mann plötzlich Angst vor der *Shakti* bekam, vor der energetischen Kraft der Frau und ihren Fähigkeiten – beispielsweise der Fähigkeit des Gebärens; daher drängte er sie in eine untergeordnete Rolle, um ihre Kraft besser beherrschen zu können.

Fernöstliche Historiker sind sich zwar nicht ganz darüber einig, wann Kali Yuga genau begann, gehen im allgemeinen aber vom dritten oder vierten vorchristlichen Jahrhundert aus. Zu jener Zeit erreichte der Taoismus in China seinen Höhepunkt, und der Konfuzianismus gewann immer mehr Anhänger. Bis dahin waren in China Männer und Frauen einander politisch und gesellschaftlich einigermaßen gleichgestellt gewesen, aber jetzt kam die große Wende. Während bisher Kaiser und Kaiserin als Ebenbürtige gemeinsam regiert hatten, war fortan der Kaiser der Alleinherrscher. Zur gleichen Zeit wies der Taoismus dem Mann nun auch in der tantrischen Liebe eine neue Rolle zu. Während die ursprünglichen tantrischen Lehren vom Austausch negativ und positiv geladener Energie zwischen Yang und Yin als zwei ebenbürtigen Partnern ausgehen, nutzt zu Beginn des Zeitalters der Finsternis der Mann die Energien seiner Gefährtin nur mehr für sich selbst und sein langes Leben, ohne Rücksicht darauf, ob auch sie wieder neue Kräfte erhält. Wen wundert es, daß die Göttin unter solchen Umständen lieber einschlief?

In Indien vollzog sich der gleiche Wandel sogar noch früher, als das Land von kriegerischen Stämmen erobert wurde, deren Einfluß die größtenteils matriarchalische Gesellschaft völlig umkrempelte. Und so verlor diese Kraft, die wir *Shakti* nennen und die sich in der Göttin verkörpert, ihre Macht und Wirkung und zog sich ins Reich der Träume zurück.

Der Beginn eines neuen Zeitalters

Wir stehen an der Schwelle eines Neuen Zeitalters, eines New Age, das Tantra *Satya Yuga* (das Zeitalter der Wahrheit) nennt, und die Feuer des Weiblichen beginnen wieder zu glühen. Unserer Ansicht nach begann die Göttin in den sechziger Jahren zu erwachen, während der sogenannten »sexuellen Revolution«; noch räkelt sie sich, ohne schon ganz wach zu sein. Das Interesse vieler Frauen an körperlicher Fitneß, an Gesundheit und Bewegung und Selbstverwirklichung könnte als Anzeichen dafür gedeutet werden. Ihr energisches Eingreifen in Geschäfte, Politik, Wissenschaft und Kultur beweist ebenfalls, daß sich Frauen als eine neue Kraft in der modernen Welt behaupten wollen.

Die sogenannte »Frauenbewegung« könnte man als ein dramatisches Spiel ansehen, als eine szenische Darstellung des Erwachens der Göttin. Das ist eine Bewegung aus dem Unbewußten heraus, eine Bewegung hinaus in die Welt. Sie öffnet die Augen. Sie schüttelt das Zeitalter der Finsternis von sich ab, so wie sie die Träume von Jahrhunderten abschüttelt. Bald wird sie hinaustreten ins Licht, und ihr Glanz wird die ganze Menschheit erleuchten. Wenn dies geschieht, wenn die Frauen aus ihrem Schlummer erwachen und ihre ungeheure orgasmische Energie sich über die ganze Welt ergießt, werden wir das »New Age« erreicht haben, das Zeitalter der Wahrheit. Für die Frauen selbst wird es ein Unterschied sein wie zwischen Tag und Nacht.

Versuchen wir, diese metaphorischen Gedankenspiele auf die Wirklichkeit zu übertragen. In Wahrheit fällt es der Göttin gar nicht so leicht zu erwachen. In über zweitausend Jahren der Unterdrückung ist das Feuer der Frau schon fast erloschen. Nun, im »New Age«, wird von Frauen ein höheres Bewußtsein erwartet, auch und vor allem auf sexuellem Gebiet. Ganz plötzlich sollen sie jetzt phantastische Orgasmen erleben, am besten gleich mehrere hintereinander. Da kann man ja wirklich nervös werden, besonders, wenn man ohnehin Schwierigkeiten mit dem Orgasmus hat. »Das mag ja alles für die Göttin gut und schön sein«, sagt sich vielleicht manche moderne Frau, »aber was ist mit mir?«

In Wirklichkeit müssen beide, Männer und Frauen, neu lernen, wie man die schlummernde sexuelle Energie der Frau wecken kann. Die Tantriker des Altertums erhielten Unterricht nicht nur in der Kunst des Liebens, sondern auch in allen vierundsechzig anderen Künsten, die ein Schüler des Tantra zu beherrschen hatte. Heute müssen Männer und Frauen voneinander lernen – und Tantra kann ihnen dabei helfen. Man könnte Tantra als eine Art Fortbildungskurs betrachten, der zur

Meisterprüfung in Liebe und menschlichen Beziehungen hin-
führt. Bei dieser Fortbildung führt einer den anderen, und die
sich daraus ergebende Erfahrung ist oft beinahe überwälti-
gend. Wenn nämlich das Feuer der Frau nach so langer Zeit
von ihrem Liebsten neue entfacht, genährt und geschürt wird,
dann ziehen beide daraus vielfältigsten Gewinn. Vor allem in
der Frau werden dadurch oft unerwartete, aufregende Gefühle
wach. Im Unterschied zum Mann kann nämlich die Frau auf
einen geistigen Weg geführt werden, wenn sie sexuell erwacht.
Männer gewinnen durch das Zölibat unter Umständen einen
leichteren Zugang zur geistigen Erleuchtung, aber den Frauen
hilft dabei – den tantrischen Texten zufolge – viel eher die
elektrische Ladung ihrer orgasmischen Natur. Durch die sexuelle Verbindung weckt die Frau ihre Shakti, ihre gewaltige se-
xuell-spirituelle Energie, die dann sofort in ihren Körper und
in ihren Geist ausstrahlt und ein Umfeld erzeugt, das ihr Erwachen und ihre geistige Erleuchtung fördert. Im Tantra ent-
springen die Vergeistigung wie auch die Sexualität ein und
derselben Energie; wenn also eine Frau ihre sexuelle Kraft ver-
größert, so wächst sie dabei gleichzeitig auch in spiritueller
Hinsicht.

Erwacht die Frau, gewinnen beide Partner. Die Frau findet
zunehmend Vergnügen an der Liebe und möchte immer mehr
davon, bis ihre diesbezüglichen Wünsche und Fähigkeiten
unter Umständen die des Mannes übersteigen. Die tantrische
Liebe macht gesünder und vitaler und trägt zum körperlichen
Wohlbefinden von Männern und Frauen bei. Darüber hinaus
heilt Tantra auch die Seele. Wir haben über die verschiedenen
negativen Ladungen gesprochen, die mit dem zweiten Chakra
verbunden sind, dem Energiezentrum des Geschlechtsbe-
reichs – ungünstige Vorstellungen, die vielleicht von Verboten
unserer Eltern herrühren, von unseren eigenen schmerzhaften
Erlebnissen in der Vergangenheit oder von Peinlichkeiten und
Verlegenheiten, die uns im Verlauf unseres eigenen Sexualle-
bens zustießen. Tantrische Übungen können diese negative
Ladung des zweiten Chakra beseitigen; dadurch laden sie alle

Bereiche unseres Lebens, nicht nur den sexuellen Bereich, mit einer ungeheuren Menge positiver Energie auf. Liebende werden in sich plötzlich eine Kraft spüren, die sie nie vermutet hätten – eine schöpferische Energie, die ihren Geist erfrischt, ihre Vitalität stärkt und ihnen ihre jugendliche Begeisterungsfähigkeit zurückgibt.

Die fünf Stufen der orgasmischen Erfahrung

Wenn ihre sexuelle Kraft geweckt und ihre Leidenschaft entfacht ist, kann eine Frau in ein oder zwei Minuten zum Orgasmus kommen, wenn sie will. Selbst der mehrfache Orgasmus ist kein unerreichbarer Traum mehr, sobald sie einmal entdeckt hat, daß ihre eigene sexuelle Energie (nicht die der Göttin, sondern ihre eigene) keine Grenzen kennt.

Wir können beim weiblichen Orgasmus fünf Stufen oder Ebenen unterscheiden: Der ersten, *vor-orgasmischen* Ebene ordnen wir jene Frauen zu, die noch nie einen Orgasmus erlebt haben, sowie jene, die sich dessen nicht sicher sind. Sie haben die körperliche Liebe vielleicht noch nie erlebt; oder sie haben nie masturbiert, zumindest nie bis zum Höhepunkt. Möglicherweise sind sie sexuell aktiv, aber durch ungünstige Vorstellungen oder frühere Erfahrungen seelisch blockiert. Vielleicht wurde ihnen auch eingeimpft, daß anständige Mädchen die Liebe nicht genießen dürfen. Vielleicht haben sie auch einfach Angst davor, sich hinzugeben, sich gehenzulassen.

Die zweite Ebene betrifft Frauen, die *gelegentliche Orgasmen* erleben, was viel frustrierender sein kann als die vor-orgasmische Ebene. Wenn eine Frau schon einmal einen Orgasmus erlebt hat und ihn nicht nach Belieben wiederholen kann, wenn die eigene sexuelle Kraft verschlossen bleibt, empfindet sie das als äußerst unbefriedigend.

Auf der nächsten Ebene, der *orgasmischen*, haben Frauen Zugang zu ihrer Energiequelle; sie haben bereits Orgasmen erlebt, daher wissen sie auch, welche Stellungen und welche Küsse und Berührungen sie dazu bringen. Und damit geben sich Frauen auf dieser Ebene auch zufrieden. »Ich habe meinen Orgasmus gehabt, mein Lieber, und du deinen. Ich liebe dich. Gute Nacht.«

Auf der vierten Ebene treten *multiple Orgasmen* auf – wie Feuerwerke am Nationalfeiertag und ähnlich farbig und intensiv wie diese –, Explosionen des Vergnügens, die über das gewöhnliche orgasmische Glücksgefühl weit hinausgehen.

Darüber hinaus kennen wir noch eine fünfte Ebene, auf der Erlebnisse möglich werden, die Sexologen *verlängerte Orgasmen* nennen, während Tantriker von »Wogen der Glückseligkeit« sprechen. Rauschhafte Liebeserlebnisse auf höchstem Niveau, die zehn bis zwanzig Minuten oder noch länger dauern können, wobei sie immer noch stärker und eindringlicher werden. Die tantrischen Schriften beschreiben Shaktis sieben Gipfel der Ekstase, jeder noch höher, noch stärker, noch mächtiger als der vorhergehende, bis sie am höchsten Gipfel ihren Nektar absondert, ihr *Amrita*, der weibliche Erguß.

Das ist kein Märchen. Jede Frau ist dazu fähig, vorausgesetzt, sie will es – vor allem *für sich selbst*, nicht für ihren Partner und seine Befriedigung.

Die zwei Pole
der Lust

Vor einiger Zeit wurde öffentlich heftig über die Existenz des sogenannten Gräfenberg- oder G-Punktes debattiert. Zuvor hatte schon Sigmund Freud behauptet, der klitorale Orgasmus sei ein unreifer Orgasmus – was bedeutet, daß es offen-

bar auch einen »reifen« Orgasmus geben muß, der nicht
über die Klitoris erfahren wird. Eine Zeitlang schlossen sich
auch die Psychologen dieser Theorie an und erklärten, es
gebe zwei getrennte Bereiche für den weiblichen Orgasmus,
die Klitoris und die Vagina. Dann traten in den sechziger
Jahren William Masters und Virginia Johnson auf, wahre Ka-
pazitäten auf dem Gebiet der Sexologie; über Freud hinaus-
gehend, vertraten sie die Auffassung, der vaginale Höhepunkt sei ein Phantasiegebilde. Der weibliche Orgasmus
entstehe vielmehr durch Erregung der Klitoris, so erklärten
sie, und damit sei der Fall erledigt. Es gebe stärkere und
schwächere Höhepunkte, die aber alle vom selben Punkt
ausgingen. Heute bezweifeln viele Forscher die Theorie von
Masters und Johnson. John Perry und Beverly Whipple zum
Beispiel halten zwar auch die Klitoris für einen Punkt, dessen Erregung zum Orgasmus führen kann, behaupten aber,
sie sei nicht die einzige derartige Stelle.

Tantriker mischen sich nicht in diese Debatte ein. Seit
Shiva in den Heiligen Büchern davon sprach, wissen sie, daß
in der Frau zwei empfindsame Punkte oder Spannungspole
liegen: der nördliche oder vordere Punkt, das heißt die Klitoris, und der tiefere südliche Pol, auch der *heilige Punkt* genannt, der G-Punkt, so benannt nach Ernest Gräfenberg.

Wie wir schon gehört haben, wurden die tantrischen Texte
in Form eines Dialogs zwischen dem Hindugott Shiva und
seiner Geliebten Shakti geschrieben. Da diese beiden Götter
der hinduistischen Tradition nicht durch menschliche Hemmungen gebunden sind, können sie ganz offen miteinander
über die intimsten Dinge sprechen – über Dinge, die wir armen Sterblichen meist nicht beim Namen zu nennen wagen
oder von denen wir glauben, daß wir gar nicht über sie sprechen *sollten*.

Sex bringt uns leicht in Verlegenheit. Es gibt Menschen,
die sich furchtbar schämen, rot werden und die Augen sen-
ken, sobald sie darauf angesprochen werden. Auch unser Vo-
kabular für Sex und für unsere Sexualorgane ist peinlich –

entweder zu klinisch, zu kindisch oder zu vulgär. Vergleichen Sie nur einmal östliche Ausdrücke für das männliche Organ wie »Jadeschaft« oder »Lichtzepter« mit unseren westlichen Vulgärbezeichnungen wie »Schwanz«, »Pinsel« oder »Ständer«, oder »kostbarer Eingang«, »Goldenes Tor« oder »Blumenherz« mit »Loch«.

Um uns zu verständigen, brauchen wir Wörter – vor allem in einem Buch. Wenn aber die Wörter, die uns in unserer Sprache zur Verfügung stehen, eine schlechte, kindische oder abwertende Bedeutung haben, dabei aber das, was wir damit bezeichnen wollen, schön, bereichernd, kostbar ist, dann haben wir offensichtlich ein Problem. Wir haben uns bemüht, diese Schwierigkeit aufzulösen, indem wir die Sprache der Liebe um ein paar neue Wörter erweitern.

Genaugenommen sind das keine neuen, sondern ganz alte Wörter, Wörter aus dem Sanskrit, jene, die Shiva und Shakti in ihren »Kissengesprächen« benutzten. Mit dem Wort *Lingam* bezeichnen wir das männliche Sexualorgan. Wörtlich übersetzt, bedeutet Lingam »Lichtstab« oder »Gottes Organ«. Das weibliche Geschlechtsorgan nennen wir *Yoni*, wörtlich übersetzt: »heiliger Ort«. Da diese Wörter für die meisten Menschen im Westen neu sind, haben sie keine Geschichte, rufen keinen Abwehrreflex in uns wach. Wir haben diese Wörter nicht in ordinären Witzen gehört, und die Mutter hat nie zu uns gesagt: »Kleine, faß deine Yoni nicht an!« Es sind weichere Wörter, sie klingen sanft und liegen angenehm auf der Zunge. Man muß sich vielleicht erst an sie gewöhnen, aber das dauert nicht lange. Fast alle Paare auf unseren Seminaren benutzen nach kürzester Zeit diese Bezeichnungen viel lieber als alle, die sie bisher dafür kannten.

Viele machen diese Wörter zu ihren eigenen und nehmen sie nach Hause mit, und aus diesen Wörtern entsteht eine weitere intime Verbindung zwischen ihnen, ihre eigene, ganz private »Sprache der Dämmerung«. Wir hoffen, daß sich auch unsere Leser und Leserinnen bald an diese Be-

zeichnungen gewöhnen, wenn wir sie bei unserer Beschreibung der sexuellen Natur des Tantra immer wieder verwenden.

Das Juwel
in der Krone

Die Klitoris sitzt wie eine Glocke oder ein Juwel im vorderen
Teil der Yoni. Sie ist das einzige körperliche Organ, dessen
Funktion allein darin besteht, Lust zu erzeugen. Zwar ist die
Spitze der Klitoris ziemlich klein, sie hat aber einen Schaft,
der zwei bis drei Zentimeter in die Krone der Yoni hinein-
reicht. (In der Erregung richtet sich dieser Schaft spürbar auf.)

In der richtigen Stimmung kann zärtliches Streicheln von
Spitze und Schaft mit Fingern, Mund oder Lingam die Frau
meistens zum Orgasmus bringen. Während des Liebesaktes
kann entweder der Mann oder auch die Frau selbst diesen
Körperbereich reizen. Oder einer von beiden kann das Lingam als Stab benutzen, es an der Wurzel halten und damit
über und rund um die Klitoris fahren, dabei aber nicht tiefer
als zwei bis drei Zentimeter eindringen. (Diese verschiedenen
Möglichkeiten beschreiben wir im einzelnen im Kapitel »Ausgefallene Liebestechniken«, S. 151 ff.)

Dabei ist es wichtig, nicht zu grob zu sein. Übererregung
kann die steigende Energie der Frau kurzschließen. Wie sie es
richtig macht, kann eine Frau auch allein herausfinden und
dann ihrem Geliebten vermitteln, indem sie die edelsteinar-
tige Spitze und den Schaft ihrer eigenen Klitoris streichelt,
drückt oder reibt. Dabei sollte nie vergessen werden, daß nicht
nur die Klitoris, sondern überhaupt die ersten drei Zentimeter
der Yoni besonders empfindlich sind. Tantriker widmen bei
der rituellen »Ehrung der Yoni« gerade dieser Stelle viel
Liebe und Aufmerksamkeit, denn ihnen gilt die Klitoris als
Eingang in jene Kammer, die der Ursprung allen Lebens ist.

(Im Kapitel »Sexuelle Geheimnisse«, S. 137 ff., beschreiben wir die tantrischen Rituale für die Ehrung der Yoni und des Lingams.)

Der heilige Punkt

Der andere der beiden Pole, zwischen denen die Frau sexuelle Erfüllung findet, ist der »heilige Punkt«. Anders als die Klitoris liegt er gut geschützt im Körperinneren. Ihn ins Liebesspiel einzubeziehen kann tiefste und höchste Lust vermitteln, sowohl in körperlicher als auch in seelisch-geistiger Hinsicht; denn er ist ein regelrechter Brennpunkt sexueller Energie. Da der heilige Punkt aber so tief innen liegt und so gut verborgen ist, nimmt er oft alles auf, was an schmerzlichen Erfahrungen mit unserer Sexualität verbunden ist.

In diesem Fall kann die negative Ladung des heiligen Punktes wie ein Schock wirken – das muß man wissen, bevor man darangeht, ihn zu wecken. Wenn eine Frau schmerzhafte Erfahrungen mit Sex gemacht hat, sei es auf körperlichem oder seelischem Gebiet, dann kann die erste Berührung dieses Punktes unangenehm, ja schmerzhaft sein, genauso wie eine Wunde schmerzt, wenn man darauf drückt.

Wenn die Frau aber nicht aufgibt und diesen Punkt für sich entdecken möchte, wenn sie und ihr Geliebter zärtlich, vorsichtig und liebevoll vorgehen, dann wird die wunde Stelle in ihr verheilen und damit alle ihre Verletzungen aus der Vergangenheit. Und wenn sie sich selbst auf diese Weise geheilt hat, kann sie eine ungeahnte Kraft in sich wachrufen.

Diese Kraft kann ihr Leben in allen Bereichen erhellen und erleuchten – und es ihr ermöglichen, sich von der tantrischen Woge der Glückseligkeit tragen zu lassen. Darin liegt die Kraft der Göttin Shakti, die Kraft des Tantra – sie kann die Kraft jeder Frau sein.

Den heiligen Punkt
finden und
wecken

Den heiligen Punkt zu entdecken erfordert Berührungen, die den meisten Frauen schwerfallen. Möglicherweise finden sie heraus, in welcher Stellung sie diesen Punkt gerade noch erreichen können; aber diese Suche ist bestimmt nicht sonderlich angenehm, und selbst im günstigsten Fall wird sie ihn nur gerade lokalisieren, mehr nicht. Ihn zärtlich zu berühren oder zu massieren wird ihr allein kaum möglich sein; dies ist aber notwendig, um seine heilende Kraft und seine sexuellen und spirituellen Möglichkeiten zu wecken. Von einigen Frauen in unseren Seminaren haben wir gehört, daß sie den Punkt allein gefunden haben, indem sie in der Hocke mit zwei Fingern von innen aufwärts gegen den Nabel drückten und gleichzeitig mit der anderen Hand knapp über dem Schambeinknochen dagegen preßten. Wenn die Frau dann diesen Punkt reizt, schwillt er an, so daß er zwischen zwei Fingern zu spüren ist. Aber die meisten Frauen brauchen für diesen Teil ihres Erwachens einen liebevollen Partner, der bereit ist, der Verletzlichkeit dieser Stelle Rechnung zu tragen, körperlich wie psychisch. Es ist sehr wichtig, daß Paare sich diesem Punkt in Harmonie nähern. Auch für Eingeweihte, Männer wie Frauen, ist dieser Augenblick ein bißchen unheimlich; in ihm entsteht eine ganz neue Nähe. Die Liebenden bedienen sich dazu der bereits beschriebenen Handlungen, um zwischen sich Harmonie zu erzeugen: zum Beispiel der »nährenden« Meditation, der Atem- und Konzentrationsübungen. So werden Sie beide körperlich locker, gelöst und aufeinander eingestimmt sein.

In unseren Seminaren teilen wir an dieser Stelle Männer und Frauen in zwei Gruppen auf. Dadurch fühlen sich die Teilnehmer etwas sicherer, wenn wir darüber sprechen, wie man den heiligen Punkt am besten findet: wo er liegt, wie man sich ihm nähert, welche Gefühle dabei auftreten. Wir nutzen diese Zeit außerdem, um unsere ganz persönlichen Erfahrungen, unsere Unsicherheiten miteinander zu teilen und voneinander zu lernen. Diese nach Geschlechtern getrennte Versammlung gleicht einer Zusammenkunft von Novizen vor dem Ritual. Dabei sprechen wir ganz offen miteinander. Wir brauchen einander nicht zu beeindrucken. Die Unterhaltung ist weit davon entfernt, obszön zu sein. Unter Charles' Leitung besprechen die Männer, welche Rolle ihnen bei der Entdeckung des heiligen Punktes zufällt. Er erklärt ihnen, daß sie sich als Heilende verstehen müssen und daß dies im Augenblick wichtiger ist, als nur die Rolle des Liebhabers zu übernehmen. Er betont, daß in der Scheide der Frau oft seelische Verletzungen ihre Spuren hinterlassen haben und daß eine Frau sehr gefühlsbetont, ja womöglich sogar aggressiv reagieren kann, wenn diese alten Wunden aufbrechen, was leicht passieren kann, wenn der heilige Punkt berührt wird. Als Heilender muß der Mann in diesem Moment vollkommen für die Frau da sein. Er muß ihre Gefühle, selbst ihren Zorn annehmen und verstehen, daß es sich dabei um den Ausbruch von Gespenstern handelt, daß die Geister der Vergangenheit aus ihr fließen – und daß sie dadurch von belastenden sexuellen Vorurteilen frei wird.

Caroline bespricht mit den Frauen die Gefühle, auf die sie sich gefaßt machen müssen, wenn dieser Punkt zum ersten Mal berührt wird. Dabei betont sie, daß dieses Erlebnis sehr tief, bewegend und persönlich sein kann. Für manche Frauen bedeutet es einen ungeheuren seelischen Durchbruch, eine Erfahrung der reinsten Lust, ein gewaltiger, neuer, unerwarteter orgasmischer Rauschzustand.

Bevor die Suche nach dem heiligen Punkt beginnt, sollte die Frau die Blase entleeren. Der heilige Punkt liegt nahe an der Blase; wird er erregt, gibt es der Frau manchmal das Gefühl, sie müßte Wasser lassen. Die Frau kann auf dem Rücken liegen, die Beine hoch, so daß die Rückseite eines Schenkels – oder auch beider Schenkel – an der Brust des Geliebten lie-

gen; oder sie kann die Füße auf dem Bett haben, während ihr
Geliebter neben ihr kniet. Um sich abzustützen und es sich
bequemer zu machen, kann sie ein Kissen unter ihr Gesäß legen. Ihre Vagina sollte recht feucht sein. Die ersten paar Male
sollte der Mann nur einen Finger benutzen – am besten den
Ringfinger, der eine harmonische Affinität zum zweiten Chakra besitzen soll und außerdem kleiner ist als der Zeige- oder
Mittelfinger. Der Mann schiebt seinen Finger vorsichtig in
die Yoni und krümmt ihn dann, so daß die Fingerspitze mit
der Kuppe die Decke der Yoni berührt. Mit gekrümmtem Finger – so als wollte er »Komm her!« sagen – gleitet sein Finger
jetzt langsam die Decke entlang nach vorne, als wenn er zur
Klitoris zurückkehren würde. Irgendwo im Laufe dieser Vor-
wärtsbewegung – meistens etwa auf halbem Weg zwischen der
Hinterseite des Schambeins und der Klitoris, an der Vorderseite auf die Öffnung zu – werden beide Partner den Punkt erfühlen.

Das Herz dieses heiligen Punktes liegt nicht direkt *an* der
Decke, ist aber durch die Scheidenwand hindurch spürbar.
Der Punkt fühlt sich anders an als das glatte, seidige Gewebe
rundherum: Er ist fester, auch faltig oder sonstwie uneben,
wie der Hof einer erregten Brustwarze oder der Gaumen des
Mundes. Die Größe des heiligen Punktes variiert von etwa einer Erbse bis zu einem Markstück; wenn er stimuliert wird,
schwillt er an und wird in der Mitte etwas höher.

Der Ringfinger des Partners, unter Umständen zusammen
mit dem Mittelfinger, findet am leichtesten und angenehmsten den Weg zum heiligen Punkt; dabei drücken die übrigen
Finger leicht gegen die *Labia minora* – die kleinen Schamlippen – und der Handballen ganz sanft gegen die Klitoris. Auch
der Daumen kann leicht gegen die Klitoris drücken, während
der Mann den heiligen Punkt mit Zeige- und/oder Mittelfinger berührt.

Wie schon gesagt, kann es für manche Frauen erschreckend
sein, wenn ihr heiliger Punkt berührt wird, zumindest die ersten

paar Male. Gelegentlich tut es auch ein bißchen weh. Viele Frauen bekommen ein Gefühl, als ob sie Wasser lassen müßten, auch wenn sie die Blase vorher geleert haben. Dieses Gefühl geht aber bald vorüber, und nach etwa zehn bis höchstens vierzig Sekunden empfinden sie eine starke sexuelle Lust. Das geschieht aber möglicherweise nicht gleich beim ersten Mal; manchmal dauert es Wochen oder gar Monate, bis die Heilung vollzogen ist und diese große Lust einsetzt. Manche Frauen empfinden die ersten paar Male ein lustvolles Gefühl, das dann aber plötzlich verschwindet; manchmal wird der Punkt derart empfindlich, daß selbst der geringste Druck unangenehm ist. Der Mann muß mit seiner Geliebten in einer bewußten und gefühlsstarken, engen Verbindung bleiben, damit er sofort auf ihre Gefühle eingehen kann; sobald er spürt, daß sie sich unwohl fühlt, muß er den Druck zurücknehmen oder sich vielleicht ganz zurückziehen, bis sie wieder mehr aushalten kann. Mit jedem Mal, bei dem sich das Paar auf diese intime Weise berührt, wird die Frau mehr aushalten; im gleichen Maße wächst ihre Bereitschaft und Fähigkeit zur Lust. Eine nachhaltige Erregung kann der heilige Punkt dann meist länger annehmen als die Klitoris. Anfangs muß der Mann allerdings ganz besonders zärtlich und behutsam vorgehen. Sein Ziel ist es, den heilige Punkt mit positiver Energie aufzuladen und damit alle negativ geladenen Ablagerungen aufzulösen; es darf ihm nur darum gehen, sie lustvoll und heilend zu berühren. Er sollte jetzt nicht an einen Orgasmus denken, sondern nur ans Heilen. Die Frau sollte versuchen, überhaupt nicht zu denken, sondern sich nur auf ihre *Gefühle* zu besinnen, mit stillem, aufnahmebereitem Geist. Denn die Erfahrung, die sie dabei machen kann, ist weniger geistiger als vielmehr sinnlicher Natur.

Sobald der Mann den Punkt gefunden hat, sollte er innehalten: Die Finger der einen Hand hält er ganz still in der Yoni, während die andere Hand leicht auf die Klitoris drückt, zwischen den Brüsten der Geliebten über dem Herz-Chakra liegt oder knapp über dem Schambein einen leichten Druck von außen auf den heiligen Punkt ausübt, was die Frau oft als angenehm empfindet. In diesem Augenblick der Ruhe sollten sich die Liebenden in die Augen schauen und zusammen atmen.

Nach ein paar Sekunden sollte der Mann den heiligen Punkt wieder ganz vorsichtig ein oder zwei Minuten lang streicheln, dann wieder aufhören und ganz ruhig daliegen. Er kann jetzt auch die Klitoris ein wenig reizen, darf dabei aber nicht vergessen, daß die gleichzeitige Anregung beider Kraftpole für die Anfängerin eigentlich zuviel ist. Aber durch den Wechsel von einem Kraftpol zum anderen, von der Ruhe zur Bewegung, und durch die ausschließliche Besinnung auf die Lust der Partnerin können tiefe Empfindungen entstehen. Dieser Ablauf sollte mehrere Male wiederholt werden – mit der Zeit immer häufiger.

Auch die exotischen Mudras, die wir in Kapitel zehn beschreiben, können sehr gut bei der Erregung des heiligen Punktes eingesetzt werden. Eine Kombination all dieser Elemente – Besinnung, vor allem auf die Lust der Partnerin, und Wechsel von Ruhe und Bewegung – ist eine Möglichkeit, Liebe als Meditationsübung zu betreiben.

Der heilige Punkt ist auch anal zugänglich; mit viel Gleitmittel verschafft das manchen Frauen große Lust. Der Liebhaber muß darauf achten, daß er dabei immer nur eine bestimmte Hand, einen bestimmten Finger benutzt. Denn es dürfen keine Bakterien vom Anus in die Yoni gelangen.

Für die Frau ist diese Belebung des heiligen Punktes eine Übung, um ihre Gefühle zu erweitern. Sie kann dabei lernen zu sagen, wieviel Gefühl sie gerade noch ertragen oder annehmen kann. Wenn sie diese Übung mit ihrem Liebespartner einige Monate lang macht, kann sie erleben, wie ihre Gefühle dabei wachsen. Der Mann muß aufpassen, daß er sich nicht mitreißen läßt. Wenn er sieht, wie lustvoll seine Geliebte auf seine Berührungen reagiert, geht er vielleicht zu weit, wird zu *ayang* – zu aktiv, zu schnell, zu grob – und unterbricht damit den Fluß ihrer wachsenden Energie. In der Zeit des Erwachens sollte diese Art des Liebesspiels eher als intime Meditation betrachtet werden denn als eine Gelegenheit, zum Orgasmus zu kommen. Sobald der heilige Punkt zu seinem vollen Leben erwacht ist, verwandelt sich seine Verletzbarkeit in Leidenschaft; die Liebenden können dann ihre Lustempfindungen voll ausschöpfen.

Der Nektar
der Göttin

Wenn der heilige Punkt erst einmal vollkommen wach und frei von falschen Einflüssen ist, dann erfahren die Göttin und ihre irdischen Schwestern eine unvorstellbare Erhöhung ihrer Fähigkeit zum Orgasmus; sie erleben nun mehrfache und längere Orgasmen. Frauen mit dieser sexuellen Ausdrucksfähigkeit sondern oft eine helle Flüssigkeit ab, die moderne Sexualwissenschaftler mit dem männlichen Erguß vergleichen; im Tantra heißt sie *Amrita* oder »göttlicher Nektar«. Die Frau empfindet dabei eine regelrechte Explosion von Lustenergie. Der »göttliche Nektar« tritt auf, sobald der heilige Punkt zum Leben erwacht ist; dazu muß diese Stelle aber nicht unbedingt erregt werden. Bei einer stark orgasmischen Frau kann der Nektar auch erscheinen, ohne daß sie einen Orgasmus hat, sogar in Situationen, die mit Sex nichts zu tun zu haben scheinen.

In unseren Seminaren sind wir Frauen begegnet, die Amrita produzieren, wenn sie ganz tief und herzlich lachen. Jede Frau hat sicherlich schon einmal vor lauter Freude geweint. In solchen Situationen kann der Nektar fließen. Auch Aerobic kann jene Art von Energie wachrufen, die den Nektar hervorquellen läßt. Das Gefühl gleicht dem der körperlichen Unterwerfung; früher nannte man es »Hingabe«. Anscheinend verliert die Frau vor lauter Gelächter, Energie, Liebe, Freude die Kontrolle über sich, wenn der Nektar zu fließen beginnt – aber in Wirklichkeit wird sie eins mit dem Gelächter, sie wird selbst zu Energie, zu Liebe, zu Freude. Und dadurch *gewinnt* sie das Wesen dieser ekstatischen Gefühle – von *verlieren* kann keine Rede sein.

Biologisch gesehen entsteht die Flüssigkeit in einer der beiden Bartholinischen Drüsen beiderseits des unteren Teils der Vagina. Es ist eine sehr helle, klare oder auch leicht milchige Flüssigkeit, die schnell verdunstet. Manchmal schmeckt sie süßlich, manchmal leicht bitter, manchmal nach gar nichts. Da sie aus der Harnröhre austritt, haben die ersten paar Tropfen manchmal den leicht salzigen Geschmack von Urin.

Die Amrita wird in den tantrischen Texten als außerordentlich nahrhaft beschrieben, und zwar nicht nur auf körperlichem, sondern auch auf seelischem Gebiet. Ein kleiner Tropfen davon soll zu einem ungeheuren Kraftzuwachs führen und die Energie beider Partner unerhört steigern.

Aber das Verblüffendste an der Amrita ist ihre Menge: Bei einem einzigen Mal kann davon bis zu einer Tasse voll entstehen, und im Verlauf einer Liebesmeditation mit dem Partner kann eine Frau mehrere Male »ejakulieren«. Tantra beschreibt die weibliche Kraft oder Shakti als grenzenlos; diese ihre flüssige Aussonderung scheint das zu bestätigen. Der Augenblick, in dem die Amrita auftritt, ist oft dramatisch. Wenn die Frau diese Flüssigkeit abgibt, während das Lingam ihres Geliebten nicht in ihr ist, dann bricht sie oft in einer Art von feinem Nebel aus ihr heraus, manchmal auch wie aus einem Springbrunnen – die Amrita kann bis zu zwei Meter hoch in die Luft schießen! Wenn das Lingam in ihr ist, dann taucht die Amrita es in ein ungeheures Energiebad.

Jede Frau hat die Fähigkeit, diesen Nektar zu erzeugen. Absichtlich absondern kann sei ihn allerdings nicht, und sie kann das auch nicht üben. Die einzige »Übung«, welche die Entstehung dieses Nektars anregt oder begünstigt, ist die regelmäßige liebevolle Massage des heiligen Punktes. Davon abgesehen sollte jede Frau lernen, sich diesem tiefen Glücksgefühl hinzugeben, das im übrigen nicht unbedingt sexueller Natur sein muß. Selbst Frauen, bei denen Amrita häufig fließt, können dies nicht bewußt beeinflussen. Wenn es dazu kommt, ist es wie ein göttliches Geschenk.

Das Yang-Element erhalten

Durch meine innere Festigkeit habe ich erreicht,
daß mein Samen in der Mitte des Lingams stehenblieb.
So ist er immer fruchtbringend, immer bereit.
Das ist die Kraft der Selbst-Übersteigung.

Skanda Puranda zitiert in
Sexuelle Geheimnisse: Die Alchemie der Ekstase

Die »Sexualerziehung« besteht in unserer westlichen Kultur nur selten in mehr als einer allgemein gehaltenen Erklärung, wie Babys zur Welt kommen, und vielleicht noch ein paar Ratschlägen, wie man sich vor Geschlechtskrankheiten und vor unerwünschter Schwangerschaft schützen kann. Was wir sonst noch über Sex wissen, stammt aus Filmen, Magazinen, von Freunden und Eltern; vieles davon ist recht doppeldeutig, was angesichts der Quellen nicht überrascht. Im Lauf der Zeit gewinnen wir »praktische« Erfahrung, meist mit einem ebenso ungebildeten Partner. Dann sind wir vielleicht, wie man so sagt, »erfahren«, vor allem im Hinblick auf die Anzahl unserer sexuellen Begegnungen – zugleich aber wahrscheinlich noch immer sehr unerfahren, was sexuelle Nähe, sexuelle Fähigkeiten und Möglichkeiten anbelangt.

Eines der größten Mißverständnisse in bezug auf Sex betrifft sein Ziel, seinen Zweck. Die meisten westlichen Menschen, vor allem die Männer glauben, Ziel und Zweck der sexuellen Vereinigung sei der Samenerguß. Auch viele Frauen sind dieser Meinung; selbst wenn sie selbst vielleicht nicht zum Orgasmus kommen, finden sie doch, daß wenigstens ihre Männer einen haben sollten. Außerdem ist der Samenerguß des Mannes ein Zeichen dafür, daß er fertig ist, und leider sind Frauen nur allzuoft froh, wenn es eher früher als später so weit ist.

Für Tantriker dagegen besteht das Ziel der geschlechtlichen Vereinigung darin, bewußt Harmonie und körperliches Wohlbefinden zu erzeugen, sexuelle Energie aufzubauen und eine höhere geistige Bewußtseinsebene zu erreichen. Das bedeutet nicht, daß Tantriker auf die Ekstase verzichten – ganz im Gegenteil. Die sexuelle Ekstase trägt dazu bei, die tantrische Liebe und Partnerschaft zu erhalten und zu vertiefen; und die sexuelle Energie weist Tantrikern den Weg zu geistigem Wachstum.

Wer tantrisch liebt, erfährt die sexuelle Liebe tiefer, erregender, orgasmischer, liebevoller als andere. Dafür gibt es eine Reihe von Gründen. Zum einen ruft ein Teil des tantrischen Liebesrituals, nämlich die bewußte Herstellung von Harmonie durch Meditation und Verständigung auf eine sehr innige, tiefgehende Weise, eine Grundstimmung hervor, in der die Liebe, auch die körperliche, blühen und gedeihen kann. Zum anderen versetzt Tantra Männer in die Lage, ihren Samenerguß zu kontrollieren. Darin liegt das Geheimnis ihrer außerordentlichen sexuellen Kraft, der Häufigkeit ihrer Liebesakte und der Dauer ihres Genusses.

Übungen zur Ejakulationskontrolle werden in den tantrischen Texten sehr ausführlich beschrieben; unserer westlichen Kultur ist diese Idee dagegen völlig fremd. Sobald bei uns ein Junge in die Pubertät eintritt und sein zweites Chakra seinen mächtigen Strom sexueller Energie freizusetzen beginnt, wird er mehr oder weniger vom Sex beherrscht – nicht etwa umgekehrt. Und anfangs findet ja auch niemand etwas dagegen einzuwenden. Ein Teenager kann masturbieren wie ein Besessener, ohne daß es ihm schadet, wenigstens nicht körperlich. Er spürt keine ungünstigen Nebenwirkungen, seine Kraft nimmt nicht ab, er kann es sofort wieder tun. Sein Samen ist offenbar unerschöpflich. Wenn man ihm allerdings eingeredet hat, daß Selbstbefriedigung eine Sünde ist, wie das immer noch vorkommt, dann muß er für sein Vergnügen vielleicht seelisch büßen, und seine Sexualität wird vielleicht schon jetzt erstmals auf schädliche Weise blockiert.

Wenn ein Mann dann älter wird, scheint seine sexuelle Energie langsam abzunehmen. Ein Fünfundzwanzigjähriger ist nicht im geringsten mehr derart sexbesessen, wie er es mit fünfzehn Jahren war. Mit Vierzig erleben dann viele Männer etwas, das sie für normale Alterserscheinungen halten: Es dauert länger, bis ihr Penis steif wird und sie zum Orgasmus kommen, Stärke und Menge des Ergusses sind schwächer als früher, und nach dem Höhepunkt dauert es jetzt viel länger, bis der nächste Erguß möglich ist. Bei manchen Männern in mittleren Jahren dauert es zwölf bis vierundzwanzig Stunden, bis sie zu einer neuerlichen Erektion imstande sind.

In den Augen der Tantriker sind diese Erfahrungen nicht etwa normale Alterserscheinungen, sondern Anzeichen für eine Erschöpfung des zweiten Chakra, eine Folge der allzu häufigen Abgabe jener Lebensessenz, die im Samen des Mannes enthalten ist. Die Lösung dieses Problems sehen Tantriker in der bewußten Ejakulationskontrolle.

Verdeutlichen wir uns diese tantrische Auffassung durch folgenden Vergleich: Ein Junge erbt mit zwölf oder dreizehn Jahren eine beachtliche Summe. Für den Jungen ist sie wahnsinnig hoch. Er hat daher keine Hemmungen, sie mit vollen Händen auszugeben, auch für unsinnige Zwecke. Niemand rät ihm, vorsichtiger zu sein; oder falls doch einmal jemand von Sparen redet, hört er ihm gar nicht zu. Wenn nun der Junge weiterhin nicht auf sein Vermögen achtet und es verschleudert, dann wird er im Alter, oder vielleicht schon vorher, Bankrott machen. Tantriker treffen dagegen die bewußte Entscheidung, ihr sexuelles Vermögen richtig anzulegen und dadurch zu vergrößern. Sie bringen es sozusagen in einen Fonds mit Gewinnbeteiligung ein: Sie heben die Zinsen nicht ab, sondern lassen sie anwachsen, damit das Vermögen immer mehr wird. Dadurch sichern sie sich den wichtigsten aller Werte: gesteigerte sexuelle Kraft bis ins hohe Alter.

Dieser Teil der tantrischen Liebeskunst ist für die westliche Welt derart neu und fremdartig, daß sie ihm äußerst mißtrauisch begegnet. Dabei lassen sich ihre Bewohner doch auf allerhand ausgefallene Ideen ein, von A wie Astrologie bis Z wie Zauberkraft der Kristalle. Aber daß Sex ohne Samenerguß möglich ist, scheint ihnen nicht einzuleuchten. Wir können Skeptiker nur vom Wert der Ejakulationskontrolle überzeugen, indem wir sie überreden, es doch zu versuchen; dann sehen sie selbst, wieviele Vorteile das bringt.

Bevor wir uns mit diesen Vorteilen befassen, möchten wir aber festhalten: Wenn wir von dieser Art Kontrolle sprechen, meinen wir damit keineswegs, daß der Mann keinen Höhepunkt haben soll. Im tantrischen Sex unterscheidet man zwischen Höhepunkt und Erguß – ebenfalls eine eher revolutionäre Vorstellung für den westlichen Menschen, der beides meistens nicht auseinanderhält. Tantra erklärt den Orgasmus als inneres Erlebnis eines explosiven sexuellen Höhepunkts und den Erguß als dessen äußeren Ausdruck – eigentlich als den Verlust von orgasmischer Energie, als ein Vergießen und Verströmen in die äußere Umwelt. Nach einiger Übung ist der Mann imstande, durch Ejakulationskontrolle Höhepunkt und Erguß zu trennen, den Höhepunkt für sich zu behalten und zu genießen, wie er durch seinen Körper geht. Er kann sogar lernen, seinen Orgasmus zu lenken und auf viele Minuten zu verlängern, wobei er einen viel höheren Grad an Energie genießt und aufnimmt als bei einem Höhepunkt, der sofort verströmt. Wer sich an die Techniken hält, die wir beschreiben, der wird schon nach wenigen Malen den Unterschied spüren.

Wenn wir von Kontrolle sprechen, meinen wir damit nicht etwa, daß der Mann niemals ejakulieren darf. Wir legen ihm *Kontrolle* nahe, was nichts anderes bedeutet, als daß er wählen kann, ob er einen Höhepunkt mit Samenerguß oder ohne wünscht. Mit andern Worten: Sobald ein Mann die Kontrolle über seinen Samenerguß gewonnen hat, wird er nicht mehr von seinem Lingam beherrscht – dann ist er Herr über sich selbst. Das ist für jeden Mann ein einschneidendes Erlebnis, das sich auch in allen anderen Bereichen des Lebens nachhaltig auswirkt.

Wir möchten jetzt unsere männlichen Leser bitten, einmal kurz daran zu denken, wie sie sich nach einem Höhepunkt fühlen. So locker, so gelöst wie sonst nie, nicht wahr? Sie fühlen sich derart entspannt, daß der nächste Schritt der Schlaf ist. Wenige Minuten nach dem Erguß sind die meisten Männer einfach weg. Das ist keinesfalls dieselbe Erfahrung, die Frauen nach einem Orgasmus machen – auch dann nicht, wenn sie die *Amrita* verströmen, das weibliche Gegenstück zum männlichen Erguß. Frauen schöpfen Energie aus der orgasmischen Liebe, Männer sind erstmal erledigt. Das hat mit der *Art* der Energie zu tun, welche die beiden Geschlechter im sexuellen Höhepunkt freisetzen.

Die Shakti der Frau besteht in Yin, in negativ geladener Energie im polaren oder magnetischen Sinn. Im Gegensatz dazu ist die sexuelle Energie des Mannes Yang, positiv geladene Energie im magnetischen Sinn. Wenn die Frau in der Liebe ihre Energie abgibt, dann fühlt sie sich danach gelöst und erhoben. Sie hat ihr energetisches Gleichgewicht verändert, indem sie Yin abgegeben hat; dadurch wird sie mehr Yang, besonders dann, wenn sie Yang-Energie vom Geliebten empfangen hat – dann sprüht sie nur so vor Kraft. Der Mann dagegen, der seine Yang-Energie verströmt hat, ist jetzt eher erschöpft als erleichtert; jetzt mangelt es ihm an Yang-Energie, die ja seine eigentliche männliche Energie ausmacht. Vielleicht ist es ganz gut, wenn er jetzt gleich einschläft – er ist in diesem Zustand nicht ganz er selbst.

Es gibt Möglichkeiten, jene Energie, die der Samenerguß einem Mann entzieht, wieder zurückzugewinnen; im Kapitel »Der Tanz der Liebe« (S. 119 ff.) werden wir einige von diesen Möglichkeiten beschreiben. Zunächst möchten wir uns damit befassen, wie man Yang-Energie aufbaut und erhält, indem man sie ganz bewußt beherrschen lernt. Kontrolle über den Samenerguß ist eine der höchsten Formen der Kunst des bewußten Liebens.

Durch Selbstbeherrschung zur Ekstase

Wenn ein Mann gelernt hat, seinen Samenerguß bei sich zu behalten, dann kann er den Liebesakt verlängern – die Dauer steht dann ganz in seinem Belieben. Daraus kann er die verschiedensten Vorteile ziehen. Ein längerer Liebesakt bedeutet intimeres sexuelles Spiel, mehr Zeit für die Verständigung mit der Geliebten, Verstärkung und Verlängerung der elektrisierenden Gefühle der Erregung und Begierde, erhöhte Sensibilität und Lust. Das sexuelle Durchhaltevermögen ist gerade für den Tantriker besonders wichtig, denn für ihn ist ja das sexuelle Erlebnis zugleich auch geistiger Natur.

Je länger das Liebesspiel dauert, desto mehr sexuelle Energie wird aufgebaut; desto stärker wird auch das Yang-Element. Das führt zu einem sehr viel stärkeren Orgasmus als nach einem Liebesspiel, das nur etwa zehn Minuten dauert. Und wenn der Mann dann ganz bewußt kommen will, nachdem er seinen Samenerguß lange Zeit zurückgehalten hat, dann ist dieser Erguß sehr viel heftiger, explosiver.

Aber vielleicht noch wichtiger als die Erhöhung seiner eigenen orgasmischen Lust durch den verlängerten Liebesakt ist die Kraft, welche die Frau daraus schöpft; deren Energie erwacht ja meistens viel langsamer. Der Mann, der sich für die Liebe Zeit nimmt, anstatt in seinem Unterbewußtsein sofort und ohne Umwege auf den Höhepunkt zuzusteuern, der liebt anders, und er erlebt auch den Liebesakt auf ganz neue Art.

Sagen wir es ganz offen: Ehe ein Mann begreift, daß er sich beherrschen muß und dazu fähig ist, hat sein Liebesakt mehr mit seinem eigenen körperlichen Bedürfnis zu tun als mit Liebe. Niemand sollte sich wundern, wenn er sich noch einmal in den eigenen Partner verliebt, sobald sich die Liebenden für diese Liebesart entschieden haben. Sowohl Männer als auch Frauen sehen einander dann mit ganz anderen Augen, denn sie erleben jetzt die körperliche Liebe vollkommen neu und in einem höheren Bewußtseinsstand. Wenn zum Beispiel der Mann in voller Absicht nicht kommt, dann begreift die Frau, daß er ihr damit sagen will: »Diesen Liebesakt widme ich ganz dir. Meine Befriedigung finde ich darin, daß ich dir zur Ekstase verhelfe; für mich selbst will ich gar nicht mehr, denn deine Lust erfüllt mein Herz, meinen Geist und meine Seele, und das bedeutet mir viel mehr, als daß ich selbst komme.« Der Mann bringt den Liebesakt der Geliebten als Geschenk dar, und als solches nimmt sie ihn an. Frauen sind von dieser Gabe zutiefst berührt; sie stärkt die Beziehung und die Kraft ihrer Liebe. Für viele Frauen löst dieses Erlebnis jenen tiefgehenden psychischen Heilungsprozeß aus, den wir schon früher erwähnt haben, ganz im Gegensatz zu der üblichen Erfahrung, daß der Mann mit der Frau nur zu seinem eigenen Vergnügen schläft, sie sozusagen benutzt und ihr nichts dafür gibt. Eine Frau, die von Männern ausgenutzt, verletzt, gedemütigt wurde, findet bei einem Mann, der nur gibt und dafür nichts von ihr verlangt, endlich Vertrauen und Sicherheit.

Überdies trägt der Mann durch diese Art der sexuellen Selbstbeherrschung oft dazu bei, daß die Frau es endlich wagt, sich ganz ihren Gefühlen hinzugeben. Dadurch wächst ihre Orgasmusfähigkeit – und für den Mann bedeutet es eine wunderbare Erfahrung, wenn er sieht, wie er die Orgasmustiefe seiner Geliebten beeinflussen kann; nichts ist für sein eigenes Selbstwertgefühl besser. Auf diese Weise verliert die Sexualität an drängender Notwendigkeit. Dafür gewinnt sie an Liebe. Beide Partner gewinnen dadurch psychisch ungeheuer viel.

Ein weiterer Vorteil des kontrollierten Ergusses liegt darin, daß der Mann nach dem Liebesakt nicht völlig erschöpft ist und sich damit seelisch und geistig seiner Partnerin verschließt. Das kann natürlich für die Frau wichtig sein, die ja oft durch den plötzlichen Rückzug ihres Partners frustriert ist, vor allem dann, wenn sie selbst nicht zum Höhepunkt kam. Aber auch wenn beide einen Orgasmus hatten, ist die Frau oft enttäuscht, wenn er sich nachher abwendet, denn ihr Höhepunkt hat sie ja mit neuer Energie erfüllt, sie möchte mit ihm reden, möchte zärtlich und nahe bei ihm sein – aber er ist emotionell einfach nicht da. Womöglich schnarcht er bereits. Der Mann hingegen, der sich beherrschen konnte, ist jetzt immer noch hellwach. Wenn er seinen Erguß im Griff hat, ist sehr bald wieder eine neue Erektion möglich. Da er seine sexuelle Energie nicht verströmt hat, ist er sofort wieder zu einem neuen Liebesspiel imstande, wenn er oder seine Geliebte es will. Denn seine unverbrauchte Yang-Energie steigt, aufgeladen von ihrer sprühenden Yin-Essenz. Tantriker haben mehr Energie, mehr Lebenskraft auf allen Gebieten des Lebens, wenn sie sich mit dieser Technik vertraut gemacht haben.

Und noch ein weiterer Vorteil dieser Art Selbstbeherrschung ist uns aufgefallen: Die Männer sehen jünger aus. Der Mann, der seinen Samenerguß zurückhält, hat am nächsten Morgen keine Ringe unter den Augen; seine Haut bleibt glatt; ihn umgibt eine strahlende Aura, von der keine Spur zu sehen ist, wenn er seine Yang-Energie gänzlich verausgabt. Bei jungen Männern fällt das vielleicht nicht so auf, aber bei älteren Männern macht das einen ziemlichen Unterschied.

Bei alledem sollte man freilich nicht außer acht lassen, daß Männer unterschiedliche Energiehaushalte haben; jeder muß für sich selbst herausfinden, wie oft er sich ergießen kann, darf und soll. Manche Männer können ohne ungünstige Nebenwirkungen drei- oder viermal pro Woche einen Samenerguß haben, andere fühlen sich wie Zombies, wenn sie es oft tun. Zwei Regeln sollten beherzigt werden: *1. Man soll einen Erguß nie erzwingen. 2. Einen Erguß, der schon begonnen hat, darf man nicht unterbrechen.*

110

Die meisten Männer haben irgendwann einmal versucht, einen Samenerguß zu erzwingen. Bei einem in die Länge gezogenen Liebesakt oder der Selbstbefriedigung geschieht es manchmal, daß ein Mann einfach nicht kommt, so sehr er auch möchte. Aber statt das zu akzeptieren, will er es erzwingen – er reibt und zieht und drückt herum, bis die Samenflüssigkeit schließlich doch noch austritt. Aber so etwas schadet der Gesundheit, senkt die Widerstandskraft gegen Krankheit und beeinträchtigt seine Vitalität.

Wenn der Körper keinen Sex will, kann dies die unterschiedlichsten Gründe haben. Östliche Gelehrte sprechen von einem männlichen Zyklus, in dessen Verlauf die Energie des Sex-Chakra zurückgehen kann und neu aufgeladen werden muß. Wenn das zweite Chakra des Mannes durch äußere Umstände belastet oder gestört ist, so kann sich dies in einer sexuellen Störung oder herabgesetzten Libido bemerkbar machen. Das empfindliche Sex-Chakra kann durch seelische Spannungen beeinträchtigt werden, durch physische Erschöpfung oder Krankheit, durch Drogen oder Medikamente und auch durch den Einfluß der benachbarten Energiezentren – durch das Basis-Chakra, dessen Energie auf Erscheinungen des Materiellen reagiert, und das Nabel-Chakra, das im Zusammenhang mit Macht steht.

Aber aus welchem Grund auch immer: Wenn der Sexualtrieb des Mannes im ersten Gang läuft, darf er ihn nicht mit Gewalt in den dritten Gang hochjagen. Sein Chakra braucht ein bißchen Ruhe und Erholung, dann wird es sich ganz von selbst wieder mit Energie füllen. Aber auch so kann er seiner Geliebten Freude bereiten, Nähe aufbauen, ihr mit dem Herzen nahe sein.

Auch die Frauen sollten sich diese Regeln zu Herzen nehmen und einen Erguß, gegen den sich der Körper ihres Geliebten offenbar sträubt, nicht unbedingt erzwingen wollen. Manche Frauen haben die völlig falsche Vorstellung, daß sie ihrem Geliebten etwas Gutes tun, wenn sie ihn bei seinen verzweifelten Bemühungen unterstützen.

Andererseits darf man einen Erguß, der einmal begonnen hat, auf keinen Fall abwürgen, das kann zu Blaseninfektionen führen oder die Prostatadrüse schädigen.

Wir unterscheiden vier Ebenen der Ejakulationskontrolle. Wenn ein Mann die Vorteile, die wir eben aufgezählt haben, als solche erkennt und den Wunsch hat, seinen Erguß zu beherrschen, dann hat er den ersten Schritt getan. Im zweiten Schritt lernt und übt er bestimmte Arten der Selbstbeherrschung. Die dritte Ebene ist erreicht, wenn der Mann seine sexuelle Energie tatsächlich beherrschen und über seinen Samenerguß endlich bewußt entscheiden kann. Im vierten Stadium hat er gelernt, mit seiner Energie richtig umzugehen – er weiß jetzt, wie er die Chakra-Energie erzeugt, weitergibt und mit seinem Lingam aufnimmt. Wenden wir uns jetzt der zweiten Ebene und den besonderen Techniken zu, um den Samenerguß zu lenken.

Die Kontrolle
des Samenergusses

Jeder Mann sollte wissen, wie seine sexuellen Reaktionen normalerweise ablaufen. Für gewöhnlich folgen drei oder vier Stufen aufeinander:

- Die erste Stufe ist die Erregung, bevor er sich noch auf einen Höhepunkt einstellt.
- Auf der zweiten Stufe spürt er, daß er sich dem Orgasmus nähert. Diese Stufe geht, kaum eingetreten, meist schnell ihrem Höhepunkt entgegen, vor allem, weil der Mann selbst darauf drängt.
- Auf der dritten Stufe kommt es zu Orgasmus und Samenerguß; für fortgeschrittene Tantriker schließt sich an den Höhepunkt erst als vierte Stufe der Erguß an.

Mögliche Kontrolle wird auf den Stufen eins und zwei angewendet; Anfänger sollten schon auf Stufe eins damit beginnen.

Alle Übungen, die wir jetzt beschreiben werden, zielen darauf ab, die zweite Stufe und damit überhaupt die Dauer des Liebesaktes zu verlängern.

Auf den ersten beiden Stufen werden alle Chakren geweckt und mitgerissen, woraufhin sie Energie erzeugen und ausstrahlen, die unerbittlich in das mit hoher Spannung geladene zweite Chakra hinuntergezogen wird. Bei einer derartigen Aufladung dieses Zentrums wird die Entladung unvermeidlich: Der tantrische Weg besteht nun darin, diesen Strom umzukehren, und zwar ganz bewußt und körperlich, und die jetzt sexuell angereicherte Energie wieder zurück in die verschiedenen Ursprungschakren zu schicken. Um die Energie vom zweiten Chakra wegzubringen, kennen wir drei äußere Übungen und drei innere. Beginnen wir mit den inneren.

Innere Übungen

1. Training des Liebesmuskels

Wenn man von unten herauf durch den Beckenboden in den Körper schauen könnte, dann würde man einen Muskel sehen, der einer Wiege gleich die Geschlechtsorgane, die Harnröhre und den analen Schließmuskel umfaßt. Dies ist der Pubococcygealmuskel, kurz PC-Muskel genannt; wegen seiner wichtigen Rolle bei der geschlechtlichen Vereinigung heißt er auch »Liebesmuskel«. Dieser Muskel zieht sich wie eine Hängematte von der Basis der Wirbelsäule, wo er am Coccyx, dem Steißbein, festhängt, bis zum Schambein an der Vorderseite des Körpers. Beim weiblichen Orgasmus zieht sich besonders dieser Muskel zusammen; je stärker der Liebesmuskel einer Frau, desto stärker ist ihr Orgasmus, desto eher kann sie mehrfache und längere Höhepunkte erleben. Auch beim männlichen Höhepunkt ist der Liebesmuskel sehr wichtig. Ein starker männlicher Liebesmuskel schafft eine kräftige, feste Erektion, erhöht die Stärke und Dauer des Höhepunkts und ermöglicht es dem Mann, Orgasmus und Erguß voneinander zu trennen.

Um die genaue Lage und auch die Möglichkeiten des Liebesmuskels zu erfühlen, können Männer wie Frauen die folgende Übung machen: Beim nächsten Wasserlassen können sie versuchen, den Harnfluß zu stoppen, indem sie diesen Muskel zusammenziehen. Wenn der Liebesmuskel schwach ist, dann ziehen sich mit ihm noch zahllose weitere Muskeln des Unterleibs zusammen, darunter auch der anale Schließmuskel; es ist aber nur der Liebesmuskel, der sich rund um die Harnröhre schließen und damit den Harnfluß zum Versiegen bringen kann. Um Ihren Liebesmuskel zu stärken, sollten Sie es sich zur Gewohnheit machen, jedesmal beim Wasserlassen diesen Muskel zweimal zusammenzuziehen. Sobald er kräftiger geworden ist, können Sie ihn auch von den anderen Muskeln in seiner Nähe unterscheiden. (Weiteres über den Liebesmuskel sowie zusätzliche Kräftigungsübungen finden Sie im Kapitel »Sexuelle Geheimnisse«, S 137 ff.)

Wenn der Mann erst einmal seinen PC-Muskel gekräftigt hat, dann ist er der Kontrolle des Samenergusses um einen großen Schritt nähergekommen; denn sobald er orgasmische Gefühle spürt, kann er diesen Muskel so lange zusammenziehen, bis er merkt, wie sich die sexuelle Energie wieder vom zweiten Chakra entfernt. Es lohnt sich, es gleich beim nächsten Liebesspiel mit der Partnerin auszuprobieren. Sobald der Mann den Orgasmus kommen spürt, sollten beide jegliche Bewegung sein lassen und vollkommen stilliegen; der Mann konzentriert sich nun ganz auf seinen Liebesmuskel, den er zusammenzieht und festhält. Dann soll er ganz ruhig bleiben und langsam und tief atmen, bis der Drang wieder vergangen ist.

2. Atemkontrolle

Atemkontrolle ist die zweite innere Übung, die Hilfe, den sexuellen Energiefluß umzukehren. Sehr erfahrene Yogis können den Erguß allein durch Atemkontrolle zurückhalten. Die Atmung beschleunigt sich, wenn ein Orgasmus naht; daher ist es von größter Wirkung, langsamer und tiefer zu atmen.

Während der Mann seinen Liebesmuskel zusammenzieht, sollten beide Partner reglos daliegen und sich nur mit dem Herzen und den Augen verständigen. Die Frau sollte im gleichen Rhythmus wie ihr Geliebter atmen und mitempfinden, wie seine Energie hinauf in die höheren Chakren fließt.

3. *Konzentration auf die höheren Chakren*
Während sie derart still und reglos beieinanderliegen, werden die beiden Liebenden ein Gefühl tiefer Vertrautheit empfinden. Sobald sie sich auf die höheren Chakren konzentrieren, nämlich auf das vierte beim Herz und das sechste zwischen den Augenbrauen, lenken sie die Energie vom zweiten Chakra ab.

Dabei sollte sich der Mann keine Sorgen machen, wenn seine Erektion nachläßt. Damit ist zu rechnen, wenn seine Yang-Energie aus dem Lingam zurückweicht. Meist verliert er nicht mehr als zwanzig Prozent der Erektion, und wenn sie wiederkehrt, nachdem sie sich an ihren ursprünglichen Energiequellen aufgeladen hat, dann ist sie stärker als zuvor. Viele Männer werden dabei entdecken, daß ihre Leidenschaft wächst, ihre Erektion länger anhält und der Genuß am Liebesakt steigt.

Äußere Übungen

1. *Ziehen*
Bei dieser Übung zieht und massiert der Mann oder die Frau ganz leicht den Hodensack und hält ihn bis zu einer halben Minute lang fest. Dabei muß man darauf achten, daß man ja nicht die Hoden drückt, sondern knapp oberhalb, wo der Sack in das Lingam übergeht. Das kann eine ganz verschwiegene Geste sein, die der Mann an sich selbst ausführt, oder aber die Frau tut es, während sie Damm und Hodensack streichelt. Diese Übung hilft dem Mann, den Erguß zurückzuhalten, zugleich kann er dadurch aber auch in der Frau bleiben, selbst wenn seine Erektion schwächer wird.

2. Pressen

Wir pressen an der Stelle, die wir den männlichen heiligen
Punkt nennen, nämlich am Damm, an einer Stelle also, die
wir als das »verborgene Lingam« bezeichnen. Normalerweise
verstehen wir unter Lingam das Stück von der Penisspitze bis
zum Übergang der Hoden in den Schaft, aber in Wirklichkeit
geht das Lingam weiter, zwischen den Hoden hindurch, ungefähr zehn Zentimeter unter der Dammhaut, und endet erst am
Anus. Im Liebesakt reagiert dieser verborgene Teil genauso wie
das restliche Lingam: Er schwillt an, wird steif und höchst
empfänglich für jeden Reiz. Wieviel Lust dem Mann die Zu-
wendung an dieser Stelle bereiten kann, ist in der westlichen
Welt weitgehend unbekannt.

Der heilige Punkt ist bei erigiertem Lingam an einer leichten Einbuchtung im Damm etwa in der Mitte zwischen Hoden und Anus zu erkennen. Ein leichtes Pressen auf diese
Stelle kann innerhalb von zehn bis dreißig Sekunden die Richtung der Ejakulationsenergie umkehren. Mann oder Frau können mit Zeige- und Mittelfinger einen gefühlvollen, aber
festen Druck ausüben. Dabei wird die männliche Energie um-
geleitet, ohne daß er in der Bewegung aufhören oder sich aus
seiner Geliebten zurückziehen muß. Wenn man geübter ist,
vor allem dann, wenn man es bereits versteht, den Druck tiefer
in die Haut eindringen zu lassen, braucht man immer weniger
Kraft dafür.

3. Drücken

Druck auf das Frenulum ist die dritte äußere Methode, eine
Ejakulation zu verhindern. Das Frenulum oder Bändchen,
etwa zwei bis drei Zentimeter unterhalb der Penisspitze, besteht aus einer Art von Hautgewebe, das dem Gewebe des
Mund-Frenulums ähnelt. (Das Mund-Frenulum, ein höchst
empfindsamer Empfänger für sexuelle Energie, spannt sich
wie eine kleine Schwimmhaut vom oberen Gaumen gleich
über den beiden Vorderzähnen bis zur Oberlippe.) Das Bändchen des Lingams ist höchst empfindlich und reagiert inner-

halb von einigen Sekunden auf festen Druck, fast wie ein Stromschalter. Dadurch geht die Erektion zwar zunächst leicht zurück und der Drang zum Orgasmus läßt nach, aber beides kehrt nach kürzester Zeit verstärkt wieder.

Wir können natürlich nicht vorhersagen, wie lang der Mann es aushält, während der Liebesbegegnung seine Erregung an den Rand des Höhepunkts zu führen, und den Höhepunkt an den Rand der Ejakulation. Aber es wird ihm mit Sicherheit immer leichter fallen, je geübter er darin ist. Indem er seine sexuelle Energie derart umleitet, verlängert er nicht nur das Liebesspiel – er kommt dadurch auch seiner Geliebten sehr viel näher als je zuvor.

Der Tanz
der Liebe

Fort mit dem Tanz! Gebt Lust uns ohne Grenzen.

Lord Byron, *Childe Harolds Pilgerfahrt*,
Canto III, Stanza 22

Lieben im tantrischen Sinn, bewußtes Lieben also, ist nichts, was wir von Natur aus können. Wir müssen es lernen – gemeinsam mit unserem Partner. Dabei muß einer des anderen Lehrer sein, zugleich aber auch Schüler. Die tantrischen Schriften geben ganz genaue Anweisungen für diese Ausbildung in der Kunst des Liebens als eine vielfältige Kunst, die ein gesteigertes Bewußtsein mit allen fünf Sinnen einschließt, mit Geschmack, Berührung, Geruch, Sehen und Hören sowie mit den nicht greifbaren seelischen und geistigen Empfindungen; erst aus ihrer Verbindung entsteht der Tanz der Liebe.

Einer verbreiteten Annahme zufolge ist nur spontaner Sex wirklich guter Sex. Wir erinnern uns noch an die Unterhaltung über Spontaneität, die Linda und Sam in Verwicklungen stürzte? Darin sind sie nicht die einzigen. Nach der ersten Verliebtheit gehen viele Paare durch eine Zeit, in der ihnen langweilig und spannungslos zumute ist. Für viele Paare wird es dann gefährlich, wenn sie beginnen, ihr Leben nach einer bestimmten Routine ablaufen zu lassen: aufstehen, fortgehen, nach Hause kommen, zu Abend essen, fernsehen, schlafen gehen, wieder aufstehen. Sex kommt irgendwann zwischen dem

Zubettgehen und dem Aufstehen dran – und wird Teil der Routine.

Anhänger von spontanem Sex sind wahrscheinlich nicht verheiratet; oder falls sie es doch sind, dann arbeiten sie nicht oder haben jedenfalls keine Kinder. Ehepaare müssen fast immer Spontaneität gegen Stetigkeit eintauschen. Tantriker, die den Liebesakt als Ritual feiern – also das äußerste Gegenteil zu einer unvermittelten Handlung –, sind keine Verfechter des impulsiven Sex, dafür sind sie aber spontan im *Ausdruck* ihrer Liebe. Der Tanz der Liebe ist nicht geplant, sondern besteht aus spontanen Bewegungen – auch wenn viele Paare ihren Liebesakt doch in gewisser Weise bestimmen, indem sie sich an jene Berührungen und Zärtlichkeiten, die ihnen besonderes Vergnügen bereiten, erinnern und sie häufig wiederholen.

Sich auf den Partner einzulassen und die Beziehung zu fördern machen bewußtes Lieben geradezu aus; und so wird auch aus dem Liebesspiel eine bewußte, vorausempfundene Handlung. Bewußt Liebende nehmen sich eine bestimmte Zeit für ihr Liebesritual, sie bereiten sich geistig darauf vor, sie wählen einen geeigneten Ort, wo sie sicher ungestört sind; und sie baden und verschönern ihre Körper zur Freude und zum Vergnügen des anderen.

Die innere Vorbereitung auf die Liebe ist für Tantriker ein wichtiger Bestandteil des Rituals. Dadurch sorgen sie dafür, daß ihre Liebe nicht durch Streß gestört wird, den sie aus der Außenwelt mitbringen – zum Beispiel durch Ärger im Büro, durch die Aufregungen des ersten Schultags ihres Kindes oder durch die Angst vor dem Besuch beim Zahnarzt. Die beiden Liebenden wenden sich von allem Äußeren ab und einander zu. Sie setzen Weißes Tantra, Yantras, Atemtechniken, Visualisationen und den Gleichklang des Feinkörpers durch die nährende Meditation ein, um sich in eine meditative Stimmung zu bringen. Auf diese Weise bereiten sie sich bewußt auf den Liebesakt vor.

Genauso wie die seelische Vorbereitung gehört auch die Wahl des richtigen Ortes dazu: im Idealfall ein abgeschirmter

Ort, an dem das Paar weder durch das Läuten des Telefons noch durch neugierige Kinder gestört wird. Viele Tantriker machen aus ihrem Schlafzimmer einen regelrechten Tempel und richten es schön ein mit Kunstwerken, Kristallvasen, Vorhängen, Decken und Kissen in verschiedenen Stoffen, Farben und Mustern. Frische Blumen oder Räucherstäbchen verbreiten einen angenehmen Duft. Mit der Zeit entsteht in einem solchen Raum eine harmonische Aura, die selbst in die Möbel eindringt. Um diese Harmonie zu erhalten, trägt das Paar seine Auseinandersetzungen immer außerhalb eines solchen Raumes aus, der ausschließlich der Liebe vorbehalten bleibt.

Ein rituelles Bad, getrennt oder gemeinsam, sollte immer dem Liebesakt vorausgehen. Dieses Bad – oder die rituelle Reinigung – sollte mehr sein als nur eine Waschung um der Hygiene willen. Die Liebenden waschen sich dabei die Sorgen des Tages ab; sie reinigen nicht nur den physischen, sondern auch den energetischen Körper – zur Vorbereitung auf die geistige Vereinigung. Sie konzentrieren sich auf das Bad als Ritual und machen es zu einem Teil ihrer Liebesmeditation.

Auch die Verwendung von Lotionen oder Ölen nach dem Bad kann zu dieser Vorbereitung gehören. Die Partner sollten aber daran denken, daß die eigenen Körperdüfte, vor allem die sexuellen, selbst aphrodisierende Eigenschaften haben; das gilt nicht minder dafür, wie der Körper schmeckt. Auch Geschmack und Geruch spielen im tantrischen Liebestanz eine Rolle, daher sollten sie nicht verdeckt werden. Ein Deodorant wäre also völlig fehl am Platz – sie schmecken nicht nur schlecht, sondern unterdrücken auch den natürlichen erotischen Duft des Körpers.

Wir müssen wohl nicht eigens betonen, daß die Liebenden füreinander schön sein sollen. In diesem Tanz werden sie die Rolle des Gottes und der Göttin übernehmen, sie werden strahlen, und jeder von ihnen wird in des anderen Augen schön sein.

Die Partner dürfen dabei nicht vergessen: Allein schon die Energie, die sie darauf verwenden, ihren Partner anzuziehen und an sich zu fesseln, ist eine sexuelle Kraft, die sie zueinanderführt. Es ist also wichtig, auf die eigene Erscheinung und das Aussehen zu achten – Männer sollten sich rasieren, wenn sie einen kräftigen Bartwuchs haben. Fingernägel sollten gut geschnitten und gepflegt sein. Auch diese Sorgfalt gehört zur Kunst des bewußten Liebens.

Der Liebestanz mag den Liebenden zunächst recht einfach vorkommen, wenn sie hören, daß zu ihm nur drei Schritte gehören, die ihnen sicherlich nicht unbekannt sind. Aber jeder dieser drei Schritte kennt zahlreiche Spielarten, und jede Variation hat zwei Bereiche, den empfangenden Yin- und den aktiven Yang-Aspekt. Dieses Yin-Yang-Gefüge bildet die eigentliche Grundlage, auf welcher sich der Liebestanz zu seiner höchsten Vollendung entfaltet; es ist der Chorus, der Refrain in allen Teilen des Tanzes. Die richtige Verbindung von Yin und Yang wirkt wie ein Zündfunke für Ekstase und geistig-seelische Erfüllung. Zwischen den Polen von Yin und Yang liegen sieben Stufen oder Ausdrucksebenen, vom zartesten zum festesten, vom langsamsten zum schnellsten. Wir können das alles mit zwei multiplizieren, denn es gibt ja zwei Tänzer, die sich immer in der Rolle des Gebenden und Empfangenden abwechseln, und wir werden erkennen, daß dieser Fandango doch etwas anspruchsvoller ist als der normale Einheitstanzschritt.

Erster Schritt:
Küsse

Küsse können von einem kurzen Bussi auf die Wange bis zu einem Erlebnis reichen, das einen zutiefst erschüttert. Tantrische Übungen für diese tiefen Küsse sollen die Shakti wecken, gleichzeitig Energie vom Kronen-Chakra freisetzen und hinunter in den Körper senden. Besonders empfohlen werden Küsse auf alle sieben Energiezentren, vorne und hinten; aber Paare sollten genauso jeden anderen Körperteil küssen. Die

Art der Küsse füllt die ganze siebenstufige Bandbreite von Yin bis Yang, von weichen Lippen bis zu ganz festen, von leicht gehauchten Berührungen bis zu festem Druck, von oberflächlichen bis ganz tiefen Zärtlichkeiten. Die Lippen sollen weich und geschmeidig sein, die Gesichtsmuskeln entspannt, um den Austausch von Energie zu erleichtern und das sexuelle Vergnügen zu erhöhen.

Es gibt fünf grundlegende Methoden für den Mund-zu-Mund-Kuß, die auch für alle anderen Körperteile gelten:

- Mit dem *Lippenkuß* erkunden die Partner die weiche, feuchte Innenseite oder Yin-Seite, dann auch die trockenere, rauhe Außenseite oder Yang-Seite ihrer Unter- und Oberlippen.
- Beim *Zungenkuß* fährt die Zunge zuerst über die Lippen des Partners, berührt die Innenseite der Wange, erforscht den oberen Gaumen, streichelt zärtlich die andere Zunge.
- *Liebesbisse* gelten der Innen- und Außenseite der Ober- und Unterlippe des Partners. Auch diese Bisse reichen von Yin bis Yang, wobei Yang hier doch um einiges unter Grad sieben auf der tantrischen Erdbebenskala bleiben sollte.
- Bei *Saug-* und *Blasküssen* atmen die Liebenden gegen die Lippen, die Chakrastellen oder irgendeine Hautfläche des Partners ein und aus.

Küssen ist ein Schritt im Liebestanz, der nicht nur den Austausch von Yin und Yang fördert, indem das Paar die sieben Stufen des Yin und Yang ausdrückt, sondern auch indem Geben und Empfangen harmonisch wechseln. Die Frau sollte den Mund ihres Geliebten *nehmen*, indem sie alle fünf Techniken einsetzt: Lippenkuß, Zungenkuß, Beißen, Saugen und Blasen. Dann sollte sie dem Geliebten ihren Mund für seine und für ihre Lust *geben*. Auch der Mann sollte den Mund der Frau in dieser Weise *nehmen* und ihr dann seinen Mund zu ihrem Vergnügen anbieten. Beide sollten daran denken, daß im bewußten Liebesakt die Partner immer wieder zwischen aktiver und passiver Rolle wechseln. Für diesen Rollenwechsel gibt es keinen Plan, keine Pause, kein musikalisches Zwischenspiel. Allerdings empfiehlt es sich, die Rollen ungefähr gleichmäßig zu verteilen.

Zweiter Schritt: Die bewußte Berührung

In vielen Kulturen weiß man um die ungeheure Kraft, die im »Handauflegen« liegt. Im Tantra ist die Berührung eines der wichtigsten Mittel, Energie zu wecken und zu lenken. In allen ihren Formen wird sie in einem höheren Bewußtseinszustand ausgeführt, der mehrere Wahrnehmungsebenen umfaßt, nicht zuletzt jene, die uns bewußt macht, wie empfindlich die empfangende Person für die Berührung durch den geliebten Partner ist.

Zu diesem höheren Bewußtsein gehört auch die bewußte Wahrnehmung, daß Hände nicht nur aus Fingerspitzen bestehen, daß ihr Einfluß nicht an der Hautoberfläche endet. Unsere Körper sind große Energiespeicher – wir nennen sie zusammenfassend die »Lebenskraft« oder den »belebenden Strom«. Solange wir leben, strahlen wir diese Energie aus, die unseren Körper mit einer Art von Energiefeld, einer Aura, umgibt und erfüllt. Tantriker wissen, daß dieser Energiestrom bewußt geweckt und gelenkt werden kann. Wenn diese Energie aus den Fingern oder aus den Handflächen strahlt, dann ist sie weitreichend und durchdringend, einer brennenden Kerze gleich, deren Wärme auch über Wachs und Docht hinausgeht. Wenn die Partner dieses Glühen der Energie aus Händen und Fingern fühlen, spüren, sich vorstellen können, sobald sie einen anderen Menschen berühren, dann verständigen sie sich mit ihm auf einer tiefergehenden Wahrnehmungsebene als sonst.

Wie im Kuß so sieht Tantra auch in der Berührung vielerlei Möglichkeiten für den lustvollen Tanz:

- Die *unbewegte Berührung* ist von »strömender Energie« erfüllt. Dabei liegen beide Hände auf dem Partner und werden vollkommen still gehalten. Die gebende Person lenkt Energie von ihrer rechten Hand durch ihren Partner und nimmt diese Energie dann bewußt durch ihre linke hindurch wieder auf. Sie kann die unbewegte Berührung als eine Art Ballspiel betrachten, bei dem sie den Ball immer wieder fängt.
- Die *bewegte Berührung* fährt in kurzen oder langen Strichen oder in bestimmten Mustern (etwa Kreisen, Spiralen, Dreiecken, Kreuzen) über die Haut.
- Zum *Drücken* gehört eine Art Kneten und zartes Zwicken.
- *Kratzen* mit den Fingernägeln oder -spitzen wird meistens mehr yin als yang ausgeführt, ebenso wie die Liebesbisse bei den Küssen. Im *Kamasutra*, einem der bekanntesten tantrischen Texte, tritt auf der siebten Yang-Ebene beim Liebesbiß wie auch beim Kratzen Blut aus. Wir empfehlen nicht, so weit zu gehen – die meisten Paare gehen auf der tantrischen Skala etwa bis Fünf.
- Auch *Klapse* oder *leichte Schläge* können stark anregend wirken. Dafür sind natürlich bestimmte Körperteile besser geeignet als andere, besonders natürlich das Gesäß, das ja gut gepolstert ist. Dabei ist immer auf die Grenzlinie zwischen Vergnügen und Schmerz zu achten, und vor allem auf die Wünsche und Bedürfnisse des Partners; Tantra will nicht Masochismus oder Sadismus Vorschub leisten. Außerdem geht es hier um einen Tanz – und nicht um einen Kampf.

Berühren könnte man auch »Küssen mit den Händen« nennen. Für beide gelten daher ähnliche Regeln; die Liebenden berühren einander überall, vor allem an der Vorder- und Rückseite der sieben Chakren. Wie bei den Küssen benutzen sie auch hier die sieben Stufen von Druck und Geschwindigkeit, vom sanftesten Yin-Ausdruck – ganz langsam und ganz leicht, die Haut gerade noch berührend – bis zum stärksten Yang-Ausdruck, dem schnellsten und stärksten. Dabei achten sie auf Abwechslung zwischen Yin und Yang sowie zwischen verschiedenen Arten der Berührung.

Wir betonen nochmals: Die verschiedenen Formen der Berührung erfordern die bewußte Beteiligung beider Liebenden als Gebende und als Nehmende. Das bedeutet, daß beide Partner ihre jeweilige Rolle erkennen und sie bewußt erleben, auch wenn sie gerade von einem verlangt, aufnehmend zu sein. Wenn zum Beispiel der Mann mit seiner Handfläche langsam und zärtlich über den Rücken seiner Geliebten fährt, dann ihr Hinterteil leicht knetet und schließlich ganz, ganz leicht mit den Fingerspitzen über die Innenseite ihrer Schenkel streicht, dann ist er sich dessen bewußt, daß er mit seiner Berührung ihre Shakti wecken, also ihre Leidenschaft, sozusagen ihre sexuelle Kraft, verstärken will. Aber seine Absicht kann noch so gut sein, seine Zärtlichkeit noch so groß – wenn seine Partnerin gerade an etwas anderes denkt und mit der Seele nicht dabei ist, dann wird gar nichts passieren. Letzten Endes ist es der Geist, der die Berührung leitet, und nur der Geist kann sie auch empfangen.

Noch ein weiterer Yin-Yang-Bereich kennzeichnet die Berührung: Sie bereitet nicht nur dem Partner Lust – sondern auch einem selbst. Nehmen wir das als die andere Seite der Berührung: Wir spüren die Haut der oder des Geliebten unter unserer Hand, das wunderbare Glück, das diese weiche oder feste Haut uns vermittelt, ihre Wärme, ihre Energie, die sie ausstrahlt. Meine Hand ist bei der Berührung aktiv, aber auch empfangend, weil sie fühlt und spürt. Ich darf mit meiner Berührung nie nur »nehmen«, ich muß immer auch geben und empfangen. Frauen reagieren besonders empfindsam auf diesen Unterschied: Einen Mann, der einfach nur nimmt, lieben sie viel weniger als einen, der ihre Gaben bewußt empfängt und annimmt.

Es gibt drei Bereiche der Hand, die dem Empfänger jeweils

verschiedene Formen von Energie und körperlicher Erfahrung vermitteln. Bei jeder Form der Berührung sollten abwechselnd alle drei Bereiche eingesetzt werden: die Fingerspitzen, die Unterseite von Fingern und Handflächen sowie der Handballen.

Dritter Schritt:
1001 Bewegung

Wie die Hand liebt, indem sie berührt, und der Mund, indem er küßt, so drücken Lingam und Yoni Liebe durch Bewegungen des Beckens aus. Wir sprechen hierbei von »tausendundeiner« Bewegung. Niemand sollte sich aber von dieser Zahl eingeengt fühlen: In den tantrischen Texten bedeutet »tausendundeins« einfach unzählbar, unendlich. Und dieser Teil des Tanzes ist auch keineswegs »nur für Männer«. Denn es ist zwar sein Lingam, das tanzt – aber es tanzt mit ihrer Yoni. Auch bei diesem Teil des Tanzes sollen, wie bei allen anderen, er und sie einander in der Führung abwechseln.

Manche Frauen sind anfangs vielleicht befangen, verlegen, schüchtern; sie wagen es nicht, mit ihren Beckenbewegungen die führende oder Yang-Rolle zu übernehmen, besonders dann, wenn sie noch immer unter dem Einfluß der alten Rollenerwartung stehen, was sich für eine Frau gehört und was nicht. Aber auch diese Frauen sollten es ruhig noch einmal versuchen. Mit der Schüchternheit ist es bald vorbei, anstelle der Verlegenheit tritt bald die leidenschaftliche Freude, auf diese Weise das eigene Vergnügen zu suchen, und Selbstbewußtsein auf diesem Gebiet ist der erste Schritt zu einem höheren, gesteigerten Bewußtsein.

Ebenso fühlen sich auch manche Männer zunächst vielleicht nicht wohl in der empfangenden oder Yin-Rolle. In ihren Augen ist die Führung im Liebestanz ein Maßstab der Männlichkeit, ihres Ego, ein Beweis dafür; wie »yang« sie sind.* Aber auch diese Männer sollten erkennen, wie einseitig es ist, immer nur die Rolle des Gebenden zu übernehmen. Solange der Mann daran festhält, kommt er eigentlich nie dazu, die Liebe der Frau zu *empfangen,* auch dann nicht, wenn beide viel Sex haben. Er erfährt nie, welches Vergnügen darin liegen kann, sich einfach zurückzulehnen und lieben zu lassen. Wenn er sich auf diese Weise ehren läßt, sieht er, wie seine Geliebte ihr eigenes Vergnügen sucht und findet. Daraus kann er nicht nur viel lernen – für beide Partner ist es auch ein höchst erotisches Erlebnis. Wenn eine Frau den Mann bewußt liebt, bereitet sie ihm nicht nur Lust, sie zeigt ihm auch, was ihr selbst Lust bereitet. Wie sie sich bewegt, welche Verbindung sie mit ihm sucht, ihre Berührungen, ihre Geschwindigkeit, der Winkel, in dem sie das Lingam ihres Geliebten in sich eindringen läßt – das alles ist für den Mann eine wortlose »Unterrichtsstunde«.

Ebenso wie die Küsse und Berührungen haben auch die tausendundeins Bewegungen des Liebestanzes ihre Yin- und Yang-Formen. Zwar ist das Lingam im Liebestanz ein Yang-Organ, aber es muß auch Yin- und Yang-Energien zum Ausdruck bringen, genauso wie der Mund beim Küssen und die Hand beim Berühren. Innerhalb der sieben Ausdrucksformen unterscheiden wir verschiedene Möglichkeiten der Berührung:

• Das Lingam kann zunächst die *Tiefe* variieren. Am meisten yin ist das ganz leichte Eindringen, ein sanftes Streicheln und Reiben des Lingams an den äußeren Schamlippen. Ein bißchen mehr yang ist es, etwas tiefer einzudringen. Am stärksten yang ist die tiefste Berührung. Am empfindlichsten für Berührungen sind die ersten zwei bis drei Zentimeter der Vagina; die Yoni, die ja selbst mehr yin als yang ist, hat es oft lieber, wenn das Lingam seine Liebe mehr durch yin als durch yang beweist.

• Im gemeinsamen Liebesakt ist auch die *Geschwindigkeit* bedeutsam, die ganz bewußt vom langsamsten bis zum

---

* Besonders »Macho-Männer« können sich von einer Frau, die im Liebesspiel die Führung übernimmt, regelrecht bedroht fühlen.

schnellsten variiert werden sollte, genau wie die Tiefe des Eindringens. Die *Bewegungslosigkeit* liegt auf dem höchsten Yin-Niveau; auch sie kann allerdings intensiv yang sein, wenn der Mann seinen Liebesmuskel dazu benutzt, um in der Geliebten sein Lingam in *innerer Bewegung* anzuspannen und zu bewegen. Diese dynamische Art der Bewegung in Ruhe ist besonders als Berührung mit dem heiligen Punkt der Frau sehr wirkungsvoll, wenn der Mann seinen Liebesmuskel rhythmisch an- und entspannt und dabei sein Lingam ganz fest und ansonsten reglos an diesen empfindlichen Punkt drückt. Auch die Frau kann die Bewegung ihres Liebesmuskels voll und ganz beherrschen lernen – zu ihrer eigenen Lust wie zur Freude des Partners – und ihren Mann mit den verschiedensten *Bandhas* oder inneren Muskelbewegungen ganz wild machen. Darüber werden wird im Kapitel »Sexuelle Geheimnisse« (S. 137 ff.) noch mehr erfahren.

- Auch der unterschiedliche *Winkel beim Eindringen* kann das Vergnügen steigern. Je nachdem, wie er verändert wird, kann das Lingam Stellen berühren, die es nie zuvor erreichte, und die Yoni Erfahrungen machen, die ihr völlig neu sind. Man stelle sich die Yoni einmal nach dem Modell übereinanderliegender Uhren vor. Wenn das Lingam bei seinem Eintritt um zwölf Uhr die Klitoris streift und den tiefsten Punkt um sechs Uhr erreichen will, braucht der Mann einen bestimmten Winkel; wenn er die Klitoris auf unserer imaginären Uhr um eins berührt und innen um sieben Uhr erreichen will, erfordert dies wiederum einen anderen Winkel. Wichtig ist auch der *Austrittswinkel*, der nicht unbedingt derselbe sein muß. Hier heißt es ausprobieren und dabei herauszufinden, welcher Winkel einem selbst und dem oder der Gebliebten am angenehmsten ist. Es ist wichtig zu wissen, daß es sie gibt.

- Das Becken kann auch *nicht-linear* bewegt werden. Dabei verstehen wir unter »linear« das alte »Rein-und-Raus«. Zu den anderen Möglichkeiten gehören die Kreisbewegung – im Uhrzeigersinn oder entgegengerichtet – und die Bewegung von einer Seite zur anderen. Diese Varianten bereiten beiden Liebenden großes Vergnügen. Außerdem sind sie besonders günstig für Männer, die ihren Erguß zurückhalten wollen. Vor allem das Rauf und Runter, Rein und Raus der Selbstbefriedigung und des phantasielosen Liebesaktes ist es ja, was den Erguß so unumgänglich erscheinen läßt.

Zusätzlich zu diesen verschiedenen Formen der Beckenbewegungen oder -stöße gibt es noch verschiedene Möglichkeiten, bei denen die Hände dem Lingam helfen, die Yoni zu lieben. Wir beschreiben sie im Kapitel »Ausgefallene Liebestechniken« (S. 151 ff.).

Haltungen
und Stellungen

Auf den Wänden alter indischer Tempel und in vielen tantrischen Büchern kann man ganz ungewöhnliche sexuelle Stellungen und Umschlingungen bewundern. Diese Stellungen wurden von heiligen tantrischen Frauen ersonnen und ausgeführt, die von Kindheit an in der Kunst der Liebe ausgebildet wurden. Für westliche Tantriker ohne diesen Hintergrund sind derart komplizierte Stellungen schwierig und sicherlich nicht angenehm. Wir nehmen sie am besten als Symbole für ein ekstatisches Ritual und verzichten darauf, sie nachzuahmen. In unseren Seminaren bleiben wir einfach und bequem und beschränken uns auf fünf Grundstellungen. Jede dieser Stellungen hat natürlich hundert Variationen, die in Verbindung mit den eben besprochenen Bewegungsvarianten zu einer immer wieder neuen Choreographie des Liebestanzes führen können.

Die fünf Grundpositionen sind: waagrecht mit dem Mann oben, waagrecht mit der Frau oben; seitlich, mit zugewandtem Gesicht (mit beiden Seiten und Richtungen); der Mann hinter der Frau; und die *Yab-Yum*-Stellung, eine tantrische Besonderheit.

Bei Yab-Yum wird das Rückgrat in senkrechter Stellung gehalten, parallel zum Zug der Schwerkraft, was wichtig ist, damit die Energie auch in die höheren Chakren steigen und die Zirbeldrüse und die Hypophyse anregen kann; denn nur dann, so glauben Tantriker, kann es zur Erleuchtung kommen. Die Partner sitzen aufrecht einander gegenüber, die Frau rittlings auf dem Mann, dieser im Schneidersitz, ihr Gewicht auf seinen Schenkeln tragend. Ihre Schenkel sind geöffnet und schließen sich um ihn, so daß die Sohlen ihrer Füße sich hinter ihm berühren. Diese Stellung fördert wunderbar erregende Formen der Bewegung, wie Schaukeln, Hüpfen, Kreisen; außerdem ist sie die ideale Stellung, um über innere Energie, inneres Leben und Erfahrung zu meditieren. Da die Frau auf den Schenkeln des Mannes und damit leicht erhöht sitzt, liegen angesichts des üblichen Größenunterschieds zwischen Mann und Frau beide Chakren meist auf gleicher Höhe. Wenn der Mann wegen des Gewichts seiner Partnerin einen Muskelkrampf bekommt oder ihm diese Haltung aus anderen Gründen nicht bequem ist, dann kann sie unter ihr Gesäß ein Kissen legen und damit das Gewicht von seinen Schenkeln nehmen.

Bei all diesen Stellungen kommt es sehr darauf an, daß beide Partner sich auch wirklich wohl fühlen. Wie der andere beim Liebesakt das Gewicht des eigenen Körpers trägt, ist durchaus eine bewußte Überlegung wert – wir wollen unseren Partner ja nicht erdrücken, wenn wir oben sind, und steife oder verkrampfte Muskeln möglichst vermeiden. Zu unserem Liebestanz gehört daher auch der Einsatz von »Trägern«, mit denen wir uns helfen können, wenn uns das Gewicht zuviel wird: unsere Hände, Ellbogen und Unterarme, Knie und Füße. Wenn wir die acht Muskelgruppen dieser Träger miteinander kombinieren und abwechseln, dann brauchen wir uns nicht erdrücken oder verkrampfen zu lassen. Die beiden Partner können dabei durchaus die Stellung wechseln, ohne daß das Lingam die Yoni verläßt, wenn sie sich gemeinsam bewegen und die Frau sich an den Mann schmiegt oder drückt, um mit seinem Lingam in enger Berührung zu bleiben, während sie sich zusammen umdrehen oder einer auf den anderen rollt.

Liebeslaute

Nicht nur mit Küssen, Berührungen und Bewegungen verständigt sich das Paar während seines Liebestanzes, sondern auch mit Seufzern und Schreien, Flüstern und Stöhnen, Ausrufen und anderen lautlichen Ausdrucksformen. Auf diese Weise übersetzt das fünfte oder Kehlkopf-Chakra die Lust des Körpers; damit liefert es gleichsam die Musik für den Tanz der Liebe. Da jeder Liebende andere Geräusche von sich gibt, hören Partner einander genau zu, achten auf das Timbre, den Klang in der Stimme des anderen. Viele Paare sind zu scheu, um offen miteinander über ihre Vorlieben zu sprechen, bevor sie echte Harmonie und sexuelle Nähe erreicht haben – das gilt für Frauen vielleicht noch mehr als für Männer. Eine gewisse Schüchternheit hält die Frau davon ab zu sagen: »Hör zu, ich finde es wunderbar, wenn du mich hier oben in der Yoni berührst, dabei mußt du diese beiden Finger so halten, und dann dreh sie so im Kreis, ganz leicht, und bitte auch ganz, ganz langsam, ja?« Diese Scheu rührt vielleicht von der nach innen gerichteten Sexualität der Frau her, wie wir schon erläutert haben.

Auch wenn die Partner einander nahe genug stehen, um wirklich offen miteinander zu reden, klingen die Worte oft zu klinisch oder zu technisch. Bewußtes Lieben führt in einen Liebesrausch und nicht in ein wissenschaftliches Laboratorium. Viele Liebende finden es leichter, ihre sexuellen Vorlieben anzudeuten, indem sie auf alles, was mit ihnen geschieht, mit ihren eigenen Lustlauten reagieren. Auf die gleiche Weise können sie auch herausbekommen, was ihrem Partner am besten gefällt. Durch diese sexuelle Verständigung mittels Lauten wird ihre Verbindung auch auf anderen Gebieten tiefer und stärker, weil sie dabei lernen, überhaupt mehr auf die Äußerungen des anderen zu achten.

Viele Menschen empfinden diese Lustlaute eher als schmerzerfüllt denn als lustvoll; vielleicht kommt es auf der seelischen Ebene tatsächlich zu Erschütterungen, die uns immer wieder einen Schmerzensschrei entlocken. Durch tantrische Liebe lernt man, in diesen Ausbrüchen des fünften Chakra den Ausdruck einer ekstatischen Energie zu erkennen, und überwindet damit die schmerzlichen und schlechten Vorurteile, die so viele Männer und Frauen im Westen mit ihrer Sexualität verbinden. Wenn wir so unsere Empfindungen neu einschätzen können, zeigt das ein weiteres Mal die heilende Kraft, die aus dem tantrischen Leben und Lieben fließt.

Der Höhepunkt des Tanzes

Seelischer und geistiger Höhepunkt des Tanzes ist der Orgasmus. Die meisten Frauen in unseren Gruppen stimmen darin überein, daß der Augenblick des sexuellen Höhepunkts magisch ist, in dem sie wirklich über sich hinausgehen. Wenn die Shakti der Frau im Orgasmus aufblüht, kann sie die Göttin in sich spüren, und ihr Liebhaber fühlt den Gott in sich; zusammen erleben sie die Verbindung mit dem Kosmos.

Wenn die sexuelle Energie der Frau dem Höhepunkt zustrebt, während sie ihre Shakti durch ihren Körper strömen läßt, ist sie offen wie sonst nie. Der Yin-Aspekt der Frau besteht ja darin, aufnehmend und nach innen gerichtet zu sein; deshalb entsteht durch das Gegenteil, nämlich den Orgasmus, in dem sie sich öffnet und aus sich herausgeht, eine gewaltige seelische Offenheit. Die Frau verliert in dieser Offenheit keineswegs ihre Weiblichkeit – sie gibt nicht nur, sie empfängt ja dabei auch. In diesem Moment kann der Mann seiner Geliebten eine heilende Kraft und innere Sicherheit schenken, wie

sie einer Göttin gebührt. Seine Laute und Liebesworte empfindet sie jetzt besonders tief.

Aber auch Männer werden von liebevollen Worten während
des Orgasmus besonders tief berührt. Bei dieser Verwandlung
durch Liebe – oder Sexualmagie, wie Tantra sie nennt – werden in Verbindung mit dem sexuellen Erlebnis auch Visualisationen und Beteuerungen benutzt: eine viel höhere, bewußte
Art, den Geist einzusetzen, als einfache Phantasievorstellun-
gen.

Diese Art der Verständigung während des Höhepunkts ist
deshalb so besonders wirkungsvoll, weil sie direkt zum Herzen
des Menschen spricht, der eben den Höhepunkt erlebt – ohne
Umweg über den analytischen Verstand. Wenn der Mann seiner Geliebten jetzt zum Beispiel sagt, wie schön sie ist, dann
überlegt sie nicht: »Was meint er denn? Mein Haar vielleicht?
Wie sehe ich überhaupt aus?« In ihrem orgasmischen Bewußtseinszustand ist sie vielmehr völlig offen und nimmt seine
Worte in sich auf, so daß sie ein Teil von ihr werden. Sie wird
schön. Wenn er ihr sagt, welche Macht sie über ihn hat, wieviel sie ihm bedeutet, wie heiß er sie liebt, dann bewegen sich
diese Worte in ihr und durch sie hindurch; sie werden eins mit
ihr – und sie mit ihnen; sie wird mächtig durch diese Worte,
wichtig und bedeutend. Worte der Achtung und der Liebe, die
man dem oder der Geliebten in der Ekstase sagt, gehören zu
den schönsten aller Geschenke.

Nach
dem Tanz

Wenn beide Partner zu ihrer Befriedigung getanzt haben und
besonders wenn der Mann beim Liebesakt gekommen ist, liegt
auch im Nachglühen des Liebestanzes noch eine große Kraft.
In diesem Augenblick hat der Mann besonders wenig von seiner männlichen Wesenheit, seiner Yang-Energie; daher ist er

auch besonders empfänglich, besonders fähig, Energie von außerhalb seiner selbst aufzunehmen. Tantra verlangt, daß der Mann nach dem Erguß noch in seiner Geliebten bleibt, auch wenn er nicht mehr steif ist. Die Energie, die das Lingam in diesem Zustand aufnehmen kann – vor allem dann, wenn der Mann mit der richtigen Atemtechnik und den fortgeschritteneren *Bandha*-Techniken (siehe Seite 145ff.) Energie nach innen und nach oben zieht –, ist viel größer als alles, was er allein wiederaufbauen könnte. Paare können diese mit hoher Spannung geladene Energie austauschen, indem sie einander in den Armen halten und im gleichen Rhythmus atmen. Aus der Yin-Energie der Frau und dem Yang, das sie von ihrem Geliebten empfangen hat, können sie zusammen eine Art von energetischem Elixier schaffen. Wenn der Mann dieses Elixier aufnimmt, sich vorstellt, wie er es aufnimmt, sein Wesen einatmet, erhält er wieder viel von dem, was er durch den Samenerguß verloren hat. Wenn er sich beherrscht hat, bekommt er seine ganze Yang-Energie zurück; seine Geliebte hat ihn aufgeladen mit der schöpferischen, zeugenden Kraft ihrer Shakti, um ihn zu erfrischen, zu wecken und zu heilen.

Gleichermaßen wichtig ist die Zeit nach dem Orgasmus für die Frau – nicht einmal so sehr, um verlorene Energie zurückzuholen, denn neue Energie schöpft sie ja aus ihrem eigenen Orgasmus, sondern wegen der zärtlichen Verbindung mit ihrem Geliebten, die jetzt möglich wird. Nach dieser besonderen Nähe verlangt eine Frau aus ganzem Herzen; sie braucht sie mindestens so dringend wie das Vorspiel, denn die Leidenschaft ist jetzt dicht unter der Oberfläche, dicht unter der Haut spürbar. Nicht anders ergeht es dem Mann. Diese Augenblicke verbinden ein Paar ebenso innig wie die sexuelle Vereinigung selbst, denn die Nähe in der leuchtenden Stimmung nach einem Liebesakt, die so voller Harmonie ist, nährt alle Bereiche einer Beziehung und unserer menschlichen Natur.

Sexuelle Geheimnisse

Alle Gedanken, alle Leidenschaften, alle Freuden,
was immer am Rahmen der Sterblichkeit rüttelt,
sie alle sind einzig und allein Diener der Liebe
und nähren ihre heilige Flamme.

Coleridge, *Love*, erste Strophe

Bevor Shiva und Shakti die Liebe als Kunst ausüben konnten, mußten sie einander in bestimmte Geheimnisse einweihen. Viele dieser Geheimnisse haben wir Ihnen schon auf den vorangehenden Seiten offenbart: zum Beispiel Geheimnisse, wie wir Harmonie innerhalb einer Beziehung herstellen und erhalten oder wie wir psychosexuelle Wunden heilen können. In diesem Kapitel enthüllen wir noch einige Geheimnisse von Shiva und Shakti, die Ihrem Liebesleben die Tore in andere Sphären öffnen.

Das Geheimnis der oralen Künste

Im Kapitel »Tantrisches Heilen« (S. 71 ff.) besprachen wir einige der ungünstigen Prägungen, die das erste und zweite Chakra während unserer persönlichen Entwicklung erhalten; dadurch beeinflussen sie die Art, wie wir unseren eigenen Sex und Sexualität überhaupt wahrnehmen, ebenso wie unsere Beziehung zu einem Liebespartner. Wir haben auch darauf hingewiesen, daß die alten Tantriker unter sexueller Gemeinschaft etwas ganz anderes verstanden als die meisten von uns heutzutage. Tantra betrachtet Yoni und Lingam als Geschenk Gottes; die Yoni wird auch als »Wiese des Himmelsvergnügens« oder als »Tor zum Himmel« bezeichnet, während das Lingam auch unter den Namen »Heilendes Zepter« und »Lichtstab« bekannt ist. Tantriker empfinden den Liebestanz als eines der größten Geschenke Gottes, und so zelebrieren sie den Liebesakt als Andacht, bei der sie sich dem Geliebten durch das zweite Chakra hingeben. Die oralen Traditionen zur Verehrung des Lingam und der Yoni sollen Dankbarkeit gegenüber Gott und dem eigenen Partner ausdrücken. Die dazu angewandten Übungen gelten als heilige Riten.

Moderne Paare, die diese oralen Verehrungsweisen erlernen, können dadurch die Heiligkeit ihrer sexuellen Beziehung wiederherstellen oder bestätigen. Die Übungen sind auch ein Mittel, mit dem frühere Verletzungen des zweiten Chakra geheilt, sowie ungünstige Besetzungen und Blockaden beseitigt werden können.

Leider sind Vorurteile gegen den oralen Sex in unserer Gesellschaft weit verbreitet; sie beruhen ausnahmslos auf erlernten falschen Einstellungen und Vorstellungen in bezug auf unsere Sexualorgane. Es ist wichtig, sich von allen Vorurteilen zu befreien, die wir auf diesem Gebiet haben mögen, und einmal die Tradition des oralen Sex aus einem anderen Blickwinkel zu sehen und seine heilsame Wirkung zu erkennen. Wir stellen diese Forderung, weil wir der Ansicht sind, daß solche Vorurteile in Wirklichkeit auf verborgenen persönlichen Wunden beruhen; dahinter stecken alte Konditionierungen und unbewußte Prägungen, die aus schlechter Erfahrung und Verletzungen des ersten und zweiten Chakra hervorgegangen sind. Erst wenn diese alten Wunden verheilt sind, wird es möglich, mit einem Partner eine Liebe ganz neuer Art zu erleben und auszudrücken.

Auch aus anderen Gründen fällt es den meisten Menschen schwer, die oralen Künste in ihr Liebesleben einzubeziehen. Wie wir bereits beschrieben haben, kann die nach innen gerichtete Natur der Yoni die sexuelle Einstellung der Frau beeinflussen. Während die Sexualität des Mannes aufgrund ihres Yang-Charakters nach außen gerichtet und auf Ausdehnung bedacht ist, gilt für die Yoni das genaue Gegenteil: Sie ist nach innen gewandt und verborgen. Wann sehen denn Frauen ihre Yoni jemals? Meist nur dann, wenn etwas an ihr nicht stimmt, aber selten in einem Zustand der Erregung. So ist es für eine Frau ein ungewohntes Gefühl, wenn jemand diesen Teil ihres Körpers betrachtet, küßt und streichelt, den sie doch selbst kaum jemals sieht. Um diese Hemmung zu überwinden, empfehlen wir Frauen, mit diesem Teil ihres Körpers besser vertraut zu werden. Sie kann sich vor einem Spiegel selbst befriedigen, so daß sie ihre Yoni sehen kann, wenn sie angeschwollen und mit sexueller Energie geladen ist. Vielleicht bittet die Frau ihren praktischen Arzt oder jemanden aus ihrer Frauenklinik um ein Spekulum, ein Instrument aus durchsichtigem Plastik, mit dessen Hilfe sie die rosafarbenen Wände der Scheide und das perlfarbene Schimmern des Gebärmutterhalses anschauen kann. Viele Frauen sind verblüfft, wenn sie sehen, wie schön diese verborgene Stelle ist. Dies ist ein tiefgehendes Erlebnis, das fast augenblicklich viele falsche Informationen löscht, die im zweiten Chakra gespeichert sind. Wir ermuntern auch die Männer dazu, ihrer Geliebten bei der Überwindung von Vorurteilen gegenüber dieser Körperregion zu helfen, indem sie eine zu zielgerichtete Liebkosung mit dem Mund vermeiden. Anders ausgedrückt, der Mann sollte nicht die Reaktion seiner Geliebten auf seine Zärtlichkeit voraussetzen und auch nicht versuchen, sie zum Höhepunkt zu bringen. Beide sollten die orale Liebe als Segensgabe an den anderen betrachten, als besonders tief empfundenen Kuß, als heilenden Balsam für das zweite Chakra.

Liebende sollten beim Sex häufiger Blickkontakt herstellen und ihren Partner die Liebe in ihren Augen sehen lassen! Auch diese Methode hilft, eine ungünstige Prägung in bezug auf orale Liebe zu überwinden. Damit zeigen die beiden jeweils ihrem Partner, daß sie jeden Teil des Körpers lieben und anbeten. Sich durch Laute miteinander zu verständigen ist für Liebende ebenso wichtig, wenn sie sich gegenseitig verehren. Die Beschenkten sollten sich der Musik der Stimme, des fünften Chakra, bedienen, um Lust oder besondere Vorlieben auszudrücken. Wenn wir uns zum Beispiel wünschen, daß unser Partner mehr in Yang- oder mehr in Yin-Richtung handelt, dann sollten wir nicht zögern, ihm das auch mitzuteilen. Im allgemeinen zieht die Yoni eine sanfte, langsame, eher Yin als Yang betonende Berührung vor, das Lingam hingegen eine festere, schnelle, eher Yang ausdrückende Handlung. Oft lieben wir so, wie wir selbst geliebt werden möchten, was manchmal dazu führt, daß der Mann mit der Yoni ein bißchen zu grob umgeht oder die Frau zum Lingam zu sanft ist. Beschenkte sollten Vorlieben äußern, und Schenkende sollten darauf achten, welche Laute der Partner von sich gibt und wie der Körper auf jeden Kuß, auf jede Berührung reagiert.

Die Partner sollten sich mit allen Chakren verständigen, während sie sich lieben. Sie können mit ihnen sprechen und so in Worten ihre Liebe und Verehrung ausdrücken. Sie können zu ihnen singen und dabei bedenken, daß jedem Chakra eine besondere Silbe oder ein bestimmtes Mantra entspricht, welche in ihm Resonanz erzeugen. Indem wir diese Silbe mit dem Zwerchfell summen, können wir das jeweilige Chakra direkt ansprechen, vor allem, wenn wir dabei gleichzeitig das entsprechende Yantra oder Bildnis visualisieren. Während wir jedes Chakra auf diese Weise ehren, lassen wir das Mantra im Mund und auf den Lippen gegen die Yoni oder das Lingam vibrieren.

Die besonderen oralen Übungen zur Verehrung der Yoni und des Lingams bedienen sich der verschiedenen Arten von Küssen, die wir schon besprochen haben – Saugen, leichtes Beißen, Lecken und Blasen – sowie verschiedene Berührungsmöglichkeiten – unbewegte und schnelle Berührungen, Streicheln, Drücken, Kratzen und leichtes Schlagen. Wir setzen alle gleichermaßen ein, also von Yin bis Yang. Wir bedenken dabei stets, wo die Toleranz des Partners ihre Grenzen hat.

Wenn wir herausgefunden haben, welche Art oder Mischung von Küssen und Berührungen unserem Partner das größte Vergnügen bereiten, sollten wir beachten, daß wir eine bestimmte Lustzone unempfindlich machen oder einen energetischen Kurzschluß heraufbeschwören können, wenn wir uns allzusehr auf sie konzentrieren. Widmen wir uns also jeder Region und Übung ungefähr sieben Sekunden und wechseln dann beide. Eine derartige Abwechslung führt dazu, daß Energie aufgebaut wird. Werden dementsprechend ein oder zwei besonders lustbringende Regionen wiederholt gereizt, sammelt sich mehr und mehr Energie, die zum Orgasmus führt.

Entscheidend ist, daß beide Partner sich wohl fühlen. Auf das körperliche Wohlergehen achten Tantriker ganz besonders bei einer oralen Liebestechnik, die sie »Ehrung der vier Himmelsrichtungen« nennen. Dabei wechseln beide Partner ihre Stellung nach einer Art Nord-Ost-Süd-West-Muster, obwohl es keine besonderen Richtlinien gibt, wann sie sich in welche Richtung zu wenden haben. Wichtig ist, an einen ständigen Richtungswechsel zu denken, da diese Stellungen dann nicht nur vierfaches Vergnügen verschaffen, sondern auch vor einem steifen Genick, einem wunden Kiefer und Muskelkrämpfen bewahren.

Die Verehrung
der Yoni

1. Der Liebende bedenke, daß die Yoni eine leichte Yin-Berührung bevorzugt und daß bei den meisten Frauen die ersten drei Zentimeter der Yoni – die äußeren und inneren Lippen, und vor allem Kopf und Körper der Klitoris – die empfindlichste Region mit dem höchsten Lustpotential sind.

2. Er küßt die Yoni, wie er die Lippen seiner Geliebten küssen würde; er bedient sich dabei der gleichen Methoden.
3. Er bewegt seinen Mund oder seine Hand entlang der Lippen der Yoni, wobei er mit der Zunge oder den Fingern gelegentlich leicht gegen die Klitoris klopft.
4. Er drückt leicht auf den Anus oder streichelt ihn sanft, während er Yoni und Klitoris küßt.
5. Nachdem er seine Geliebte fünf bis sieben Minuten lang oral geliebt hat, ehrt er ebensolange die Yoni mit dem Lingam. Es ist gut, mehrere Male zwischen diesen Zärtlichkeiten zu wechseln.
6. Während des klitoralen Höhepunkts drückt der Geliebte mit seinem Mittelfinger leicht auf den heiligen Punkt seiner Geliebten oder streichelt ihn einen kurzen Moment sanft.

Die Verehrung
des Lingam

1. Die Frau bedenkt, daß das Lingam eine feste Yang-Berührung bevorzugt.
2. Während sie irgendeinen Teil des Lingams auf eine der beschriebenen Weisen küßt – wobei sie darauf achten sollte, nicht in den Ausgang der Harnröhre zu blasen –, berührt sie den heiligen Punkt des Mannes mit ihrem Mittel- oder Ringfinger, wenn die Berührung von außen kommt, oder nur mit dem Mittelfinger, wenn der Druck auf den heiligen Punkt durch den Anus ausgeübt wird.
3. Während Sie die Spitze des Lingams küßt, berührt sie den Schaft, als ob er eine Flöte wäre. Das ist das sogenannte »Flötenspiel«.
4. Während des eigenen Orgasmus hält sie das Lingam ihres Geliebten im Mund und drücken die Spitze gegen ihren oberen Gaumen. (Tantrischen Büchern zufolge entlädt das oberste Chakra einer Frau durch ihre Rachenwand beim

Höhepunkt ungeheure Energiemengen. Das Lingam des Geliebten hat dabei die Funktion, diese energetische Essenz zu empfangen. So schenkt die Frau dem Mann einen mächtigen Schub hoher Shakti-Energie, der direkt auf sein zweites Chakra gerichtet ist.)

5. Mit einer ganz leichten Berührung zieht und drückt die Frau mit ihren Fingerspitzen die Haut des Hodensacks. Dann nimmt sie äußerst behutsam den ganzen Hodensack in den Mund, entweder jeden Hoden einzeln oder beide zugleich.
Diese Übung, die einem Mann höchste Lust bereiten kann, verlangt von ihr ein Höchstmaß an Yin – allersanfteste Berührung also. Diese Zärtlichkeit wird »Liebkosung des Juwels« genannt.

6. Das Lingam erwartet, der Länge nach gestreichelt zu werden, in einer Weise, welche der üblichen Rein- und Raus-Bewegung des Eindringens nachempfunden ist. Deshalb kann eine streichelnde Bewegung, die um das Lingam herum, statt auf und ab führt, für den Geliebten sehr angenehm sein. Diese Art der Berührung heißt »Ringeln«.

7. Die gleichen Arten von Küssen und Berührungen, die der Verehrung des harten Lingams dienen, können auch auf das weiche angewendet werden. Wenn sie ihren Liebhaber wissen läßt, daß sie auch am Yin-Zustand seines Lingams Gefallen finden, erleichtert sie ihm damit, sich zu entspannen und bereitet ihm neue Formen des Vergnügens. Viele Männer glauben, daß ein weiches Glied beim Sex nutzlos ist. Wir haben viele Hunderte von Frauen gefragt, ob für sie ein hartes Glied beim Sex unbedingt nötig ist, und noch keine einzige bejahende Antwort erhalten.

Für einen Mann ist dies oft eine verblüffende Entdeckung. Viele unserer männlichen Seminarteilnehmer gestehen: Wenn sie ihre sexuelle Energie nicht bewußt fühlen – also keinen »Steifen« haben –, dann versuchen sie, Sex zu vermeiden, aus Angst, sie könnten als Liebhaber versagen. Wie erleichtert und ermutigt fühlen sie sich, wenn sie mittels des tantrischen Liebesspiels lernen, daß ein Lingam auch im Yin-Zustand Lust vermitteln kann – und zwar beiden Partnern. Indem eine Frau das weiche Glied ihres Geliebten ehrt, kann sie auf ihn ungeheuren Eindruck machen. Für ihn bedeutet dies eine Form der Anerkennung, die er vielleicht noch nie erlebt hat.

Mit den Augen lieben

Es ist im Westen üblich, beim Sex die Augen geschlossen zu halten. Tantriker meinen aber, daß dadurch eine Chance für eine viel tiefere Erfahrung, eine viel tiefere Bindung vertan wird. Wer seine Augen schließt, sperrt den Geliebten aus und erzeugt Finsternis während eines Erlebnisses, das doch eigentlich erleuchten könnte. Liebende sollten versuchen, beim Sex auf möglichst vielfältige Weise Verbindung zueinander aufzunehmen. Die Augen sind dabei vielleicht der wichtigste Vermittler; im Tantra gelten die Augen als ein grundlegendes Organ der Nähe. Sie sind die Pforten zur Seele sowie Mittel, Energie zu übertragen und zu empfangen, vor allem aus dem Chakra des Herzens.

Tantra lehrt eine Art des Ausatmens, bei dem die Herzensenergie bewußt vom rechten, gebenden Auge in das linke, empfangende Auge des Partners gelenkt wird, der diese Energie einatmend in sich aufnimmt. Dies ist eine Spielart des gegenseitig aufladenden Atems, das wir im Kapitel »Tantrische Harmonie« (S. 47 ff.) besprochen haben. Fortgeschrittene Schüler dieser tantrischen Technik lernen, Energie aus jedem der Chakren auf diese Weise zu übertragen. So kann zum Beispiel ein Mann, indem er sein Basis-Chakra bewußt wahrnimmt und die entsprechende Energie durch sein rechtes Auge abstrahlt, seine Partnerin regelrecht »erden«. Wenn eine Frau sich auf ihr zweites Chakra besinnt, vermittelt ihr Blick sexuelle Energie. Ein Blick aus dem dritten Chakra kann den Partner ermutigen. Eine Übertragung von Energie des vierten Chakra schafft Nähe, und so fort. Zu bewußtem Lieben, wie schon gesagt, gehört ganz wesentlich, einander die Liebe in den Augen sehen zu lassen. Die Liebenden genießen den Anblick ihres Partners.

Der Liebesmuskel: die Bandhas

Die *Bandhas* – was im Sanskrit soviel wie »Bindungsenergie« bedeutet – kontrollieren die Muskeln, die mit den ersten fünf Chakren verbunden sind. Darüber hinaus beeinflussen sie auch das *Prana* (wörtlich »Atem, Lebenshauch«), die Energie dieser Chakren. Tantra lehrt eine Reihe von Bandha-Übungen, die das Vergnügen beider Partner steigern können. Wenn wir diese Übungen täglich nur ein paar Minuten ausführen, können sie unser Liebesleben tiefgreifend beeinflussen. Innerhalb weniger Monate versetzen sie eine Frau in die Lage, ihre Yoni wie ein mehrsaitiges Instrument zu spielen, zu ihrem eigenen Vergnügen und dem ihres Partners, und erhöhen die Ausdauer des Mannes. Die Bandhas werden auch in der Heilkunst eingesetzt, weil sie schlafende Neurotransmitter wecken, die Botschaften der Lust von der Scheide bis zum Gehirn übertragen. Fortgeschrittene Schüler lernen, diese Bandha-Übungen mit Meditation, Visualisation und Mudras (Gesten der Hand) zu einem noch größeren Vergnügen zu verbinden; aber in diesem Buch für Anfänger beschränken wir uns auf die einfacheren Bandha-Übungen zur Kontrolle und Stärkung des Liebesmuskels.

Im Kapitel »Das Yang-Element erhalten« (S. 103 ff.) haben wir die Bedeutung des pubococcygealen oder Liebesmuskels bei der Kontrolle des Samenergusses erwähnt. Wir haben gesehen, wie dieser Muskel zu finden ist, indem wir ihn beim Wasserlassen anspannen, und wie wir ihn bei jedem Harnlassen trainieren können. Diesen Muskel zu stärken ist in jedem Fall sinnvoll, nicht nur weil wir dadurch unser sexuelles Vergnügen erhöhen. Ein schwacher Muskel kann zu chronischen Verspannungen führen, die wiederum Schmerzen in der unteren Wirbelsäule hervorrufen. Es gibt auch Hinweise darauf, daß ein untrainierter Liebesmuskel die Abwehr des Körpers gegenüber Krankheiten schwächt, die den Genitalbereich betreffen, wie zum Beispiel Vaginitis, Pilzerkrankungen, Hormonstörungen und sogar einige Krebsarten. Der Theorie zufolge fördert ein starker Muskel die Durchblutung, was eine Erkrankung verhindert, indem der Fluß der weißen Blutkörperchen angeregt wird, die den Organismus gegen Fremdkörper verteidigen.

Für uns ist bedeutsam, daß ein starker Liebesmuskel beiden Partnern die Ausübung einer Reihe erotischer Künste ermöglicht, die ihnen andernfalls verschlossen bleiben würden. (Aus gutem Grund heißt der PC-Muskel auch »Liebesmuskel«.) So haben zum Beispiel Frauen mit einem schwachen Muskel oft eine »eingesunkene« Gebärmutter. Zwar ist diese nicht tatsächlich eingefallen, wird von der umgebenden Muskulatur aber nicht ausreichend gestützt. Dieser »eingesunkene« Zustand macht es schwer, wenn nicht gar unmöglich, den heiligen Punkt einer Frau zu berühren. Eine Anspannung des Liebesmuskels ändert oft die Gestalt der Yoni, indem die Gebärmutter in eine höhere Position gezogen wird und somit dem Lingam den Zugang zum heiligen Punkt erleichtert. Eine Frau kann die Kraft ihres Liebesmuskels testen, indem sie zwei Finger in die Yoni einführt und sie dann wie eine Schere spreizt. Ein gut gespannter Liebesmuskel sollte die beiden Finger wieder zusammendrücken können.

Wie wir bereits erwähnt haben, erlaubt ein starker Liebesmuskel dem Mann, die Ejakulation zu kontrollieren und verbessert seine sexuelle Ausdauer. Im folgenden beschreiben wir zwei Bandha-Übungen. Jede davon sollte zweimal täglich drei Minuten lang ausgeführt werden. Innerhalb eines Monats sollte eine deutliche Verbesserung spürbar sein. (Männer brauchen dazu nicht unbedingt ein erigiertes Glied.)

146

Der Liebesgriff: Wir spannen den Liebesmuskel an, als wollten wir den Harnstrahl unterbrechen. Dann den Muskel zusammenziehen und ihn so drei Sekunden lang halten. Am Ende jedes Zusammenziehens noch einmal ganz kurz drücken und dann loslassen. Jetzt drei Sekunden lang entspannen, dann die Übung wiederholen. Die Zeit der Muskelanspannung stufenweise auf zehn Sekunden steigern, bevor man noch einmal kurz drückt und losläßt. Es ist wichtig, den Muskel zwischen den einzelnen Kontraktionen ganz zu entspannen, und zwar ebenso lange, wie er angespannt war.

Das Pulsieren: Wir spannen und entspannen den Liebesmuskel in einer Reihe von Kontraktionen. Wiederum ist es wichtig darauf zu achten, daß zwischen Spannung und Entspannung ein deutlicher Unterschied besteht, wobei der Muskel nach jedem Loslassen völlig entspannt sein soll. Je besser wir diese Übung mit der Zeit beherrschen, desto kürzer können wir die Abstände zwischen Anspannen und Entspannen wählen, so daß der Puls immer schneller wird. Es hilft, die Anzahl der Schläge zwischen den Anspannungen zu zählen, wenn diese Übung das erste Mal durchgeführt wird, und zu versuchen, diese Anzahl bei jeder Übung zu verringern. Männer, die dabei eine Erektion haben, werden bemerken, daß ihr Lingam beim schnellen Zusammenziehen auf- und abschnellt; diese spezielle Übung ist besonders geeignet, die Ausdauer zu erhöhen.

Für die Frau dienen diese Übungen zunächst nur zur Unterhaltung und zum Vergnügen ihres Geliebten – es sei denn, sie konzentriert sich darauf, die Muskelanspannung mit der emotionalen Energie ihrer Liebe aus dem zweiten Chakra zu verbinden. An ein paar zweckfreien Verführungskünsten ist allerdings auch nichts auszusetzen. Bandha-Übungen können zu machtvollen sexuellen Hilfsmitteln werden, die einem Paar höchste Formen von Energie erschließen, wenn sie mit bewußter Liebe eingesetzt werden.

Selbstbefriedigung
beim Sex zu zweit

Selbstbefriedigung gilt üblicherweise als Solo-Aktivität. Tantriker finden indes großen Gefallen daran, das einzelne Vergnügen mit gemeinsamer Lust zu verbinden. Eine Frau kann sich selbst in einer Weise berühren, die ihr Vergnügen bereitet, während der Mann sie mit dem Lingam liebt. Dieses Liebesspiel ist ebenso praktisch wie erotisch. Fast jede Frau weiß, wie sie sich selbst große Lust verschaffen kann, und weil sie dabei auch das Lingam ihres Geliebten berührt, wird sie zugleich auch ihn anregen. Außerdem werden die meisten Männer stark erregt, wenn eine Frau sich selbst berührt.

Die Kunst
des Küssens

Man denke daran, daß sich jedes andere Körperteil genauso küssen läßt wie der Mund. Küsse sind besonders aufregend, wenn sie den verschiedenen Chakra-Regionen, vorne oder hinten, gelten. Die meisten von uns wissen, daß Hals und Genick – die Region des fünften Chakra – erogene Zonen sind; das gleiche gilt aber für alle Bereiche, die von den verborgenen Energiezentren gespeist werden.

Der »höhere«
Orgasmus

Die folgende Übung, um einen stärkeren und tieferen Orgasmus zu erleben, beruht auf einer besonderen Atemtechnik. Wie wir bereits in unserer Beschreibung der Atemübung im zweiten Kapitel erwähnt haben, schreiben Yogis aller Richtungen, nicht nur Tantriker, der bewußten Atmung eine grundlegende Bedeutung zu. Sie betrachten das richtige Atmen als eine Art Lebenskontrolle: Wer seinen Atem beherrscht, kann dadurch auch sein Leben in den Griff kriegen. Yogisches Atmen entspannt sowohl den grob- als auch den feinstofflichen Körper ebenso wie den Geist, und überträgt Energie auf alle drei.

Um die Dauer und Kraft eines Orgasmus zu steigern, sollten die Partner etwa auf halbem Weg zum orgasmischen Höhepunkt beginnen, so langsam wie möglich einzuatmen. Das Gefühl des sich allmählich aufbauenden Höhepunkts wird so lange anhalten, wie sie das Einatmen beherrschen können. Wenn die Liebenden die Grenze ihres Einatmens erreicht habe, atmen sie so laut als möglich aus. Sie können schreien, egal ob ihre Nachbarn sie hören können – vielleicht inspirieren sie sie ja sogar. Wichtiger ist, daß die Kraft der Stimme die Kraft und die Tiefe ihres Orgasmus beeinflußt. Die Liebespartner müssen aber den Laut beherrschen, den sie ausstoßen, und nicht zu schnell aufbrauchen; ihr Orgasmus hält so lange an, als sie stimmhaft ausatmen.

Mit einiger Übung können Liebende den Orgasmus über mehrere Atemzüge hinweg aufrechterhalten – vier, sechs, gar mehr Atemzüge lang. Das bedeutet also: Wer die Atemübungen macht, um die Lungen zu stärken und deren Aufnahmefähigkeit zu erhöhen, wird auch viel längere Höhepunkte erleben, weil man dann länger ein- und ausatmen kann.

Und nicht nur wegen ihrer außerordentlichen Länge sind solche Höhepunkte einzigartig. Wenn die Partner das Zentrum ihrer Kehle, das fünfte Chakra, mit ihrer Stimme öffnen, können sie die Richtung ihrer orgasmischen Energie umkehren, die bis dahin hauptsächlich nach Süden floß, und auf das zweite Chakra lenken. Das Öffnen des fünften Chakra wirkt so, als würde die isolierende Hülle eines Magneten entfernt. In manchen Fällen ist der »Magnet« des fünften Chakra stark genug, um die orgasmische Energie ins sechste Chakra hinaufzuziehen, vielleicht sogar noch höher; bis zum obersten Chakra und darüber hinaus. Solche explosiven Erlebnisse sind zutiefst ergreifend, sowohl körperlich als auch geistig; sie offenbaren Erleuchtungen, die zum höchsten tantrischen Ziel, der Einheit, hinführen können.

Wir alle sind imstande, einen »unglaublichen Höhepunkt« zu erreichen, der unser Bewußtsein erweckt und erweitert. Während des Orgasmus zu visualisieren ist dabei oft sehr hilfreich, erst recht dann, wenn beide Partner es tun. Stellen wir uns einmal die Form unseres Feinkörpers und die weißgoldene Farbe sexueller Energie vor. Malen wir uns aus, wie ein Strom dieser Kraft wie Wellen durch uns hindurchgeht, auf unser zweites Chakra zu.

Wenn der Orgasmus anfängt und wir einzuatmen beginnen, visualisieren wir, wie wir diese Energie einatmend in uns aufsteigen lassen. Wir sehen sie wie flüssiges Platin durch unser Sonnengeflecht strömen, den Bereich hinter dem dritten Chakra, hinauf durch den Mittelpunkt des Herzens, noch weiter in das Chakra der Kehle und von dort bis hoch zum sechsten und siebten Chakra. Die Liebenden spüren, wie das sechste Chakra zwischen ihren Augen in flüssiges Licht eintaucht, wie dieses Licht in ihr Gehirn fließt und sich schließlich im obersten Chakra ergießt. Jetzt ist der Augenblick, um innezuhalten und sich voll und ganz auf diese Vision zu besinnen. Wir sind jetzt strahlende Wesen, umgeben von einer Aura der Kraft und Schönheit.

Jetzt kehren die Liebenden die Richtung ihres Atems um und atmen mit lauter Stimme aus, um das Kehl-Chakra zu öffnen. Während der Laut der Befreiung aus ihrer Kehle quillt, fließt auch die Energie durch sie und umspült jedes Chakra entlang der Wirbelsäule. Die Partner visualisieren im Liebestanz sich selbst als Blitzableiter dieser spirituellen und sexuellen Kraft.

Für die Dauer des Höhepunkts sind sie gewissermaßen mit dem Kosmos verbunden.

Ausgefallene Liebestechniken

Wenn sie mit ihrem inneren Muskel
dein *Lingam* in den Schraubstock ihrer *Yoni* nimmt,
es preßt und drückt und streichelt,
es in sich hält hundert Herzschläge lang,
dann nennen wir das *Samdamsaja* (die Zange).

Kamasutra

Die ungewöhnlichen Liebestechniken, die wir jetzt beschreiben werden, könnte man als köstliche Speisen eines Liebesmenüs betrachten; jede einzelne kann Liebenden den höchsten Genuß bereiten – und sie verwandeln. Jeder sollte ausprobieren, was immer davon interessant erscheint. Und immer daran denken: Nicht nur die großen klassischen Rezepte lassen sich dem Geschmack eines bestimmten Kochs anpassen, sondern auch sexuelle Leckerbissen. Immer geht es nur um das Vergnügen der beiden Partner. Die beiden sollten kreativ sein, sich an die Berührungen, Küsse, Bewegungen, Stellungen erinnern, die sie gelernt haben, sie mit ihren eigenen Abwandlungen anwenden.

Es ist wichtig daran zu denken, daß bei jedem Liebesakt beide Partner yin und yang sein sollten. Es macht gar nichts, ungeschickt zu erscheinen – Anmut und Grazie kommen erst mit der Übung. Wir können das Liebesspiel als heilige Handlung sehen, in der die Partner einander ehren und bereichern – und einander genießen.

Exotische
Küsse

Der Nektar der drei Gipfel

Tantra kennt drei Teile – oder Gipfel – des Körpers, die eine Art von energiegeladenem Saft freisetzen, einen Nektar; der den Empfangenden nährt und den Gebenden belebt.

Der erste Gipfel befindet sich am oberen Gaumen und verläuft dem Frenulum* entlang der Oberlippe. Diesen Gipfel anzuregen löst einen sexuellen Tau aus, der sich aus dem obersten Chakra in den ganzen Körper ergießt. Diese Flüssigkeit hat nichts mit Speichel zu tun; eine wärmere Feuchtigkeit als Speichel füllt plötzlich den Mund – das zartere Geschenk des tantrischen Feinkörpers.

Die Brustwarzen und Brüste mit ihrer direkten Verbindungslinie zum Herz-Chakra sind der zweite Gipfel, die zweite Quelle dieses besonderen Nektars. Beide Partner empfangen und geben ganz bewußt diese köstliche Absonderung der Brust, eine leicht milchige Flüssigkeit, manchmal ein wenig süßlich, manchmal etwas salzig. Die Partner sind einmal Gebende, einmal Empfangende; sie wenden alle Arten von Küssen an, die sie gelernt haben, vom sanftesten zum härtesten und küssen die Brüste, als ob diese die Lippen des anderen wären.

Der dritte Gipfel liegt in den Organen des zweiten Chakra, der Yoni und des Lingams. Dabei meinen wir aber nicht die Samenflüssigkeit des Mannes oder die *Amrita* der Frau, die ebenfalls eine unterschiedliche Form von Energie darstellen. Den Nektar des dritten Gipfels gibt ebenso wie denjenigen der beiden anderen Gipfel der Feinkörper ab; obschon weniger greifbar als die Liebesgaben des physischen Körpers, steigert er die Leidenschaft mindestens ebenso wirkungsvoll. Bei der

---

* Frenulum labii, das obere Lippenbändchen.

Frau beginnt dieser helle, klare Saft zu fließen, sobald ihre Shakti erwacht ist; der Mann setzt eine Art von Tau frei, sobald sein Lingam steif ist (Yang).

Niemand braucht Angst zu haben, den energiespendenden Nektar aller drei Gipfel hinunterzuschlucken – er gilt seit Tausenden von Jahren als eine Art Liebestrank und heilendes Tonikum.

Ganz gleich, von welchem Gipfel das Trankopfer kommt – der Erfolg der geschilderten Übungen beruht in jedem Fall auf der Verbindung von Yin und Yang. Wenn mein Partner den Nektar von meinem Mund trinkt und mich dabei küßt, dann bin ich in der Yin-Position, der Stellung des Empfangenden. Gleichzeitig bin ich aber auch Yang, wenn ich meinem Partner meinen Nektar gebe. Die Liebenden sollten ganz bewußt dieses Yin- und Yang-Element des Trankopfers fühlen. Sie sagen zum anderen, während sie den Nektar ihres ersten Gipfels freisetzen: »Ich gebe dir diese Lippen, ich gebe dir den Nektar meines Mundes.« Und wenn sie den Nektar von ihrem Geliebten aufnehmen, dann spüren sie, wie er ihren Mund füllt, sie atmen den Duft des anderen ein, nehmen ihn ganz bewußt an. Die Partner denken und fühlen: »Ich nehme diese Süße von dir an.«

Der Kuß der Oberlippe

Dieser überwältigende Kuß ist eine tantrische Übung, welche Energieverbindungen zwischen der Furche der weiblichen Oberlippe und der Klitoris nutzt. Der Liebhaber saugt zärtlich an der Oberlippe seiner Geliebten sowie mit Zunge und Lippe am Frenulum zwischen der Oberlippe bis zum harten Gaumen direkt über den beiden Vorderzähnen. Währenddessen saugt sie an seiner Unterlippe; dabei stellt sie sich den Feinkanal vor, der vom Frenulum zu ihrer Klitoris verläuft.

Sobald dieser Kanal sich geöffnet hat, um die sexuelle Energie durchfließen zu lassen, kann eine Frau allein durch diesen Kuß derart stark sexuell erregt werden, daß sie zum Höhepunkt kommt.

Die Zunge am oberen Gaumen

Diese höchst erotische Übung dient dazu, sexuelle Energie zu übertragen. Während des Höhepunkts legt die Frau ihre Zunge an den oberen Gaumen und läßt sie dort, bis der Orgasmus vorbei ist. Schon allein, weil sie gleichzeitig mit dem Höhepunkt den empfindlichen oberen Gaumen berührt, setzt die Geliebte einen gewaltigen Energieschub frei, der sich aus dem Kronen-Chakra der Frau in ihre Zunge ergießt.

Wenn sie schließlich ihre Zunge dem Geliebten zum Saugen anbietet, nimmt er diese Kraft in sich auf, und ihre elektrische Ladung schlägt direkt in sein Lingam ein, in sein zweites Chakra.

Da die Liebenden eng beisammenliegen, geht die Energie dieser kraftvollen Aufladung von seinem zweiten Chakra in ihr zweites Chakra über; die Frau kann diese Energie nun bewußt einatmen und in sich aufsteigen lassen, um sich nochmals mit ihr zu verbinden.

Die Yoni küssen

Bei dieser oralen Liebesübung kniet die Frau über dem Kopf ihres Partners, läßt sich zu seinem Mund herunter und gibt ihre Yoni seinen Lippen und seiner Zunge hin. Seine Rolle dabei ist gebend, sie dagegen benutzt die 1001 leichten, zarten Beckenbewegungen, um Lust zu empfinden. Wie bei allen tantrischen Übungen sollen sich beide Partner des Yin und Yang bewußt sein, des gebenden und des empfangenden Anteils ihrer Liebe.

Mit den Händen lieben

Das Juwel stimulieren

In jeder Stellung kann der Mann während des Liebesaktes mit einem oder zwei Fingern oder mit einem Teil seiner Hand auf die Klitoris der Geliebten einen ganz leichten Druck ausüben; oder die Frau kann sich selbst mit der Hand berühren.

Druck allein genügt, Bewegung ist nicht nötig; Bewegungen des Beckens oder andere Bewegungen während des Liebestanzes beeinflussen ohnehin den gleichmäßigen, sanften Druck auf die Klitoris, das »Juwel«. Eine allzu kräftige Anregung (des Juwels) schadet eher.

Die Rute halten

Bei dieser Übung nimmt einer der beiden Partner das Lingam zwischen die Finger oder in die ganze Hand und geht mit ihm um, als wäre es ein Stab oder eine Rute. Er reibt die Spitze des Lingams über die Außenseite der Yoni, über den Damm bis zum Anus, und besonders über und rund um die Klitoris. Diese Methode ist besonders sinnvoll, wenn das Lingam nicht ganz steif ist. Die Stimulierung und der Kontakt mit der Yoni der Geliebten führen meist sehr schnell zu einer Erektion, aber auch ein weiches oder halbsteifes Lingam kann der Frau großes orgasmisches Vergnügen bereiten.

Um eine unangenehme Reibung zu vermeiden und die Lust noch zu steigern, werden die Liebenden dabei vielleicht eine Gleitcreme verwenden. Viele Frauen genießen es sehr; dabei die aktive Rolle zu spielen und sozusagen den Tanz anzuführen, indem sie das Lingam halten und damit ihre Yoni erregen.

Klopfen

Mit dem Lingam an die Lippen der Yoni, die Klitoris, den Damm und den Anus zu klopfen oder leicht zu schlagen ist eine weitere »handliche« Technik, welche die tantrischen Schriften besonders empfehlen.

Sowohl der Mann als auch die Frau können sie anwenden, indem sie das Lingam behandeln, als wäre es ein Dirigentenstab.

Zuerst klopfen sie langsam, dann immer schneller und schneller; damit berühren sie die Yoni ganz sanft, dann immer fester; und schließlich kehren sie zu einer ganz zarten Berührung zurück. Auch diese Übung läßt sich ohne weiteres ebensogut mit einem weichen oder halbsteifen Lingam ausführen.

Butter rühren

Diese Technik ähnelt dem Halten der Rute, nur daß hier die »Rute« innen in der Yoni gehalten wird. Dabei bewegt einer der beiden Partner das Lingam kreisförmig mit der Hand immer tiefer in die Yoni hinein, so als solle Butter gerührt werden. Allein durch die Bewegung des Beckens ist dies nicht zu erreichen. Diese Bewegungsart kann beiden Liebenden großen Genuß verschaffen. Außerdem ist sie eine gute Möglichkeit, den Samenerguß zu kontrollieren.

Die sexuelle
Kraft der Mudras

Mudras sind wirkungsvolle Handhaltungen oder Körperstellungen, welche die Körperenergie entscheidend beeinflussen. Die beiden Mudra-Übungen, die wir hier beschreiben, gehören zu einem *Nyasa* genannten Ritual, einer fortgeschrittenen Form tantrischer Berührungen, die die Chakren weckt und auflädt. Nyasa verbindet die bewußte Berührung der Mudras mit der Visualisierung von Yantras, mit Mantras und Gefühlen, um die Energiezentren zu reinigen, auszugleichen und ihre Schwingungsebene anzuheben. Bestimmte Arten des

156

Nyasa wurden im Westen als *Shaktipat* bekannt; dabei zelebriert ein geistiger Führer Nyasa über dem Brauen-Chakra des Schülers.

Verbindung der drei Lustpunkte

Bei dieser Verbindung ist die Frau oben. Sie kniet über ihrem Geliebten, wobei sie ihre Brust ganz eng an seine Brust schmiegt. Das Lingam des Geliebten ruht tief in ihr und berührt ihren heiligen Punkt, indem er gegen die obere Vorwand der Vagina drückt. Dann greift er hinunter und berührt ihren Anus mit seinem Zeigefinger. Druck auf oder in den Anus kann den heiligen Punkt lustvoll berühren, und zwar aus einem anderen Winkel als das Lingam. Gleichzeitig drückt der Mann mit dem Mittelfinger leicht nach oben gegen die Klitoris. Dadurch werden gleichzeitig alle drei erogenen Zonen der Frau energetisch aufgeladen. Dabei dürfen sich die Liebenden allerdings kaum bewegen. Auch darf er sie keinesfalls übermäßig erregen, sonst kommt es zum sofortigen Kurzschluß ihres sexuellen Energieaufbaus. Er sollte an jedem der drei Punkte ganz leichte Bewegungen mit völliger Regungslosigkeit abwechseln lassen. (Zum Beispiel könnten seine Finger Anus und Klitoris sanft berühren und darin verharren, während er nur leicht das Becken bewegt.)

Diese rituelle Übung beruht auf der tantrischen Vorstellung, die verschiedenen Punkten des Körpers unterschiedlichen Energieladungen zuordnet (Yang- und Yin-Energien) und diese auf besondere Weise zu verbinden sucht. Der Zeigefinger – dem Yin-Energie zugeschrieben wird – spendet Lust, indem er auf das (Yang-)Wurzel-Chakra drückt oder eindringt, während sich der Yang-geladene Mittelfinger im Yin der Yoni bewegt.

Verbindung der Energiepole

Wenn der Mann mit Zeige- und Mittelfinger den heiligen Punkt der Geliebten berührt, dann ist sein Daumen in der Nähe des Juwels, so daß er beiden empfindlichen Polen Lust bereiten kann. Zugleich kann er mit seiner anderen Hand von oben leicht auf ihr Becken drücken und damit den heiligen Punkt von außen erregen, so daß er dadurch in noch engere Berührung mit seinem Finger innen kommt. Dabei darf er seine Hand nur ganz leicht oder überhaupt nicht bewegen. In einer Variante dieser Bewegung kann der Mann, während er die Yoni durch orale Berührung ehrt, ebenfalls äußeren Druck auf den Beckengürtel ausüben.

Knien am Tor
der Lust

Diese Übung empfiehlt sich, wenn der Mann während des Liebesaktes auf der Frau liegt und sein Lingam halbsteif oder weich in ihr ist. Ohne sich zurückzuziehen, hebt der Mann die Beine der Geliebten auf seine Schultern; er selbst kniet. Je nachdem, wie weich und wie groß das Lingam ist, steckt der Mann einen oder zwei Finger in ihre Yoni – bis zu ihrem heiligen Punkt, den er mit ganz zarter Massage oder einer pulsierenden Bewegung anregt. Das Lingam ist noch drinnen und empfängt ebenfalls die anregende Bewegung seiner beiden Finger. In diesem Yin-geladenen Zustand kann der Mann einen Teil der kräftigenden Energie seiner Geliebten aufnehmen.

Pressen

Das »Pressen« ist eine Bewegung des Beckens, die Tantriker vor allem dann anwenden, wenn das Lingam steif und tief in der Yoni steckt und die Liebenden Brust an Brust oder Herz an Herz liegen. In dieser Stellung bleibt das Lingam ganz regungslos in der Yoni. Die Partner pressen ihre Becken ganz fest aneinander, so daß Beckengürtel und Schamhaar des Mannes drückend und reibend die Klitoris erregen. Dabei bewegt sich das Lingam aber nicht stoßend hinein und hinaus, sondern von einer Seite zur anderen. Natürlich können beide Partner die Initiative ergreifen, aber wirkungsvoller ist diese Technik, wenn die Frau die Führung übernimmt.

Da sich das Lingam in einer tiefen Yang-Stellung befindet, empfehlen wir hier eine langsamere Bewegung, die mehr das Yin-Element betont.

Erregung des Wurzel-Chakra

Dem Analverkehr, der das Wurzel-Chakra in den Mittelpunkt des Liebestanzes stellt, stehen viele Vorurteile entgegen. Blockaden des Wurzel-Chakra sitzen oft ebenso tief wie Hemmungen in bezug auf das zweite Chakra. Aber es gibt Paare, denen analer Sex eine Quelle höchsten Vergnügens bedeutet, und viele Frauen finden, daß ihr heiliger Punkt bei dieser Art der sexuellen Berührung leichter zu erreichen ist. Außerdem kann eine sanfte, rhythmische Massage dieses Chakra-Zentrums, verbunden mit tiefem Atmen und Visualisation, einen starken Lockerungseffekt ausüben, die Kundalini-Energie wecken und chronische Spannungen, Streß und Verkrampfungen lösen helfen.

Beim analen Sex müssen bewußt Liebende noch ein paar Punkte mehr beachten als sonst: Zusätzlich zu dem rituellen Bad, den Handtüchern und den Kissen, die sie brauchen, um sich wohl zu fühlen, müssen auch die Fingernägel kurz geschnitten sein; außerdem empfiehlt es sich, eine wasserlösliche Gleitcreme zu benutzen. Um die Verbreitung von Bakterien zu vermeiden, muß das Lingam oder auch der Finger, nachdem sie den Anus berührt haben, sorgfältig gewaschen werden, bevor sie wieder die Yoni berühren.

Männer wie Frauen genießen diese Art des Liebens sehr. Viele Paare haben uns berichtet, daß eine ganz leichte Massage der Prostata und ihrer Umgebung beim Mann einen ungewöhnlich starken Höhepunkt auslösen kann. Wem die Sache aber neu ist, fange langsam und vorsichtig damit an.

Für den Anfang ist eine zarte Fingermassage gut, und man gehe nur weiter, wenn beide Partner es wünschen. Dabei ist die Verständigung sehr wichtig, besonders mit den Augen. Nachdem einer den Finger eingeführt hat, sollte etwa fünfzehn Sekunden lang gewartet werden, bevor mit irgendwelchen anregenden Bewegungen begonnen wird.

Bevor Liebespartner zum ersten Mal eine Verbindung von Lingam und Basis-Chakra in Betracht ziehen, sollten sie darüber sprechen. Teil ihres Vorspiels sollte eine zarte Stimulation durch die Finger sein, mit einer ausreichenden Menge an Gleitmitteln.

Tantra empfiehlt nicht, daß der Mann bei dieser Art von Liebesakt die Frau von hinten liebt. Vielmehr sollten die Partner einander ins Gesicht sehen; der Mann sollte vor seiner Geliebten knien und ihre Beine hoch zu seinen Schultern heben, während er langsam in ihren Anus eindringt. Bis die Frau sich ganz wohl fühlt, darf sich der Mann kaum bewegen. Er sollte es vielmehr ihr überlassen, die 1001 Beckenbewegungen auszuführen, die ihr Lust verschaffen, zusätzlich zur Erregung der Klitoris durch den Mann oder die Frau selbst.

Außergewöhnliche Visualisations- übungen

Der Turm inmitten von Lichtringen
Diese Liebesübung verbindet Visualisation mit einer bestimmten Form von tantrischer Massage. Sie setzt voraus, daß die Frau ihren Liebesmuskel gut unter Kontrolle hat. Jede Position, bei der sich das Lingam in der Yoni befindet, eignet sich dafür. Die Frau visualisiert ihre Yoni als einen Zylinder aus

weiß-goldenem Licht, während sie das Lingam ihres Geliebten innig massiert, indem sie ihren Liebesmuskel um ihn
herum zusammenzieht. Der tantrischen Lehre zufolge ist das
Lingam ein Mikrokosmos des ganzen Körpers, so wie der Fuß
in der Reflexzonenlehre. Daher wirkt es sich auf alle Teile des
männlichen Körpers aus, wenn auf verschiedene Stellen entlang des Lingams Druck ausgeübt wird. Wenn ihr Liebesmuskel gut trainiert ist, kann die Frau lernen, ihn vor- und zurück-
zubewegen, so daß die goldenen Ringe ihrer Yoni dem Mann
eine noch genußvollere Massage schenken. Wenn sie damit
wirklich umgehen kann, fällt es ihr leicht, mit diesen Ringen
zu spielen wie in einer musikalischen Komposition: Sie kann
Akkorde anstimmen, die Tonart wechseln, Refrains einflech-
ten – und damit ihrem Geliebten eine intime, überwältigende
Symphonie vortragen.

Während ihrer Muskelanspannungen sollten sich beide Liebenden die weiß-goldenen Ringe vorstellen, mit denen ihre
Yoni sein Lingam umschließt, und ihr energetisches Feld genau auf den »Turm« seines zweiten Chakras richten. So überträgt sich die sexuelle Kraft der Frau, ihre Shakti, nicht nur
muskulär; sondern auch energetisch auf alle entsprechenden
Körperteile ihres Geliebten.

Die Zange, im *Kamasutra* als *Samdamsaja* bezeichnet, ist
eine Variation des von Lichtringen umgebenen Turms. Die
Frau zieht während des Liebesaktes ihren Liebesmuskel zusammen, so als wolle sie ihren Liebhaber tiefer in sich hinein-
ziehen. Bei jedem Anspannen atmet sie tief ein. Am Gipfel-
punkt des Einatmens hält sie das Lingam fest, solange sie
kann, drückt es und badet in Shakti-Energie. Dann entspannt
sie den Muskel und atmet zugleich aus. Währenddessen atmet
der Mann ein und visualisiert, wie er ihre Energie über sein
Rückenmark hochzieht bis ins höchste Chakra.

Herz an Herz
Bei dieser Übung nimmt das Paar die Yab-Yum-Stellung ein:
Die Frau sitzt auf dem Schoß des Mannes. Beide bedienen sich

außerdem der im Kapitel »Tantrische Harmonie« (S. 47 ff.) erklärten Atemtechnik der gegenseitigen Aufladung, zusammen
mit Visualisation. In Kapitel acht haben wir die Yab-Yum-Stellung genau beschrieben. Während das Lingam tief in die Yoni
eindringt, drücken die Partner ihre Brustwarzen fest aneinander. Dann atmet der Mann aus. Dabei macht er sich die Energie
bewußt, die von seinem zweiten Chakra ausstrahlt; zugleich
sieht er sein Lingam wachsen und wachsen, immer länger und
breiter werdend, geladen mit Energie und leuchtend. Die Frau
atmet ein, wenn er ausatmet, macht sich bewußt, wie sie seine
Energie in sich aufnimmt, und stellt sich vor, wie der große Magnet ihres Herz-Chakra sein Lingam bis in ihr Herz heraufzieht.
Sie spürt, wie sein energiegeladenes, leuchtendes Lingam ihr
viertes Chakra mit seiner kraftvollen Yang-Energie erfüllt. Und
weil sie Herz an Herz miteinander verbunden sind, kann sie
beim Ausatmen – während er einatmet – diese Yang-Kraft direkt
in sein viertes Chakra lenken, indem sie sich darauf konzentriert, wie die Energie ihres eigenen vierten Chakras in ihn ein-
strömt.

Da das Herz des Mannes bekanntlich yin ist, wirkt dieses Geschenk der leichten, überquellenden Yang-Kraft an das negativ
geladene vierte Chakra des Mannes wie ein wunderbares Heil-
mittel – dies um so mehr, als es ja aus ihm selbst kommt, aus
seinem eigenen zweiten Chakra, und noch stärker und durch-
dringender wird, während es die Geliebte erfüllt. Interessanterweise können Frauen diese Atem- und Visualisierungsübun-
gen weitgehend auch allein vornehmen – und auf diese Weise
das Herz eines Mannes öffnen und heilen, ohne daß er überhaupt etwas davon erfährt. Frauen, die darüber klagen, daß es
so wenig offenherzige Männer gibt, können auf diese sehr un-
auffällige Art selbst etwas dagegen tun.

Kreisender Tanz
aus den Hüften

Beim Kreisenden Tanz aus den Hüften heraus liegt der Mann auf dem Rücken, während seine Geliebte auf ihm reitet, sein Lingam in sich, und mit ihrem Becken einen vollen Kreis beschreibt. Manche Paare finden, daß ein Kissen unter dem Gesäß des Mannes hilft, diese Stellung zu halten. Die Frau bewegt ihr Becken abwechselnd schnell und langsam; dabei nimmt ihre Yoni sein Lingam unterschiedlich tief in sich auf, je nachdem, ob sie sich über ihrem Geliebten hebt oder senkt. Sie kann auch den Winkel ihres Tanzes verändern, indem sie sich von ihm wegneigt oder näher zu ihm beugt. Auch dem Mann vermittelt diese Bewegung ein wunderbares Gefühl. Aber es ist vor allem die Lust der Frau, die hier gesucht wird; die Befreiung ihrer Shakti ist der höchste Lohn für beide. Bei diesem kreisenden Tanz über dem Geliebten sollte also die Frau ganz bewußt darauf achten, was ihr Lust bereitet.

Auch wenn in dieser Stellung der Mann der Empfangende ist, bietet er der Geliebten doch aktiv sein Lingam dar. Er kann dabei seine Hände über der Brust falten wie im Gebet oder seine rechte Hand auf das Herz der Geliebten und seine linke auf ihre Stirn legen, um die Energie und Lust leichter in ihre höheren Chakren fließen zu lassen. Während dieses Tanzes sollten beide Partner Blickkontakt halten und der Mann die Geliebte mit liebevollen Worten erfreuen.

Die Liebenden sollten nicht vergessen, daß diese exotischen Übungen nicht Selbstzweck sein sollen, sondern Hilfsmittel und Wegweiser auf dem tantrischen Weg, dem Weg zur Einheit. Tantra bietet seinen Anhängern eine spirituelle Reise, auf welcher die intime, leidenschaftliche, spirituelle Liebe Treibstoff und Antriebskraft ist. Tantra benutzt die Energien der Liebe, um ein Licht in uns zu entzünden, so daß wir uns selbst und einander besser erkennen. Dieses Licht ist eine Arznei für

die Liebenden; wer sich von ihm leiten läßt, findet zur strahlenden, unvergleichlichen Partnerschaft, die niemals endet.
Wir hoffen, daß das Licht, das wir allen Liebenden hier anbieten, ihren Weg erhellen und erleuchten wird.

Tantra
in der Praxis –
Zur Erinnerung

1. Ziel des Liebestanzes ist der Austausch von Energien und sich gegenseitig zu nähren – und weniger Orgasmen und erotische Höchstleistungen.
2. Wenigstens zweimal täglich sollte Zeit für eine »nährende« und »verbindende« Liebesmeditation sein. Dabei sollten die Liebenden wiederum nicht auf einen Orgasmus aus sein, sondern darauf, einander zu nähren und gegenseitig Liebe und Energie auszutauschen.
3. Auch wenn sich beide zu müde oder zu gestreßt für diese Meditation fühlen – sollten sie's trotzdem tun, denn gerade dann brauchen sie sie am allermeisten.
4. Die Liebenden bemühen sich zu lernen, bewußt miteinander zu sprechen, ohne aneinander Fehler zu suchen.
5. Die Liebenden denken immer daran, daß nichts wichtiger ist als ihre Liebe, ihre Harmonie und ihre Einheit als Paar.
6. Es lohnt, den Liebesmuskel täglich zu trainieren, sowohl in den Einzelübungen als auch mittels der Übungen für Paare.
7. Männer sollten versuchen, wenigstens bei jedem vierten Liebesakt nicht zu ejakulieren und auch nach dem Höhepunkt mit der Geliebten verbunden zu bleiben.
8. Wir bedenken, daß Tantra eine Kunst ist – im Laufe der Zeit und mit viel Übung werden wir immer besser darin.

9. Wir lieben uns ohne Eile, genießen den Liebestanz. Wir machen aus unserer sexuellen Liebe eine Meditation, und wir nutzen den Augenblick des Höhepunkts, um einander zu stärken und zu bestätigen.

10. Wir achten in der Liebe auf unsere Hände und die unseres Partners. Wir berühren einander bewußt.

11. Wir halten unsere Augen geöffnet; bleiben während des Liebesaktes auch auf diese Weise mit unserem Partner verbunden.

12. Wir denken daran, daß Empfangen ebenso glücklich macht wie Geben; wir achten darauf, immer beides zu tun. Wir wechseln bei jedem Liebesakt mehrere Male zwischen der Yin- und der Yang-Rolle.

13. Tantra sieht im Körper den Tempel des Geistes; es ist unsere heilige Aufgabe, diesen Tempel gut zu behandeln. Da die tantrische Partnerschaft eine Art Jointventure ist, könnten wir den Tempel, in dem der Geist des Paares wohnt, als eine Art Wohngemeinschaft betrachten. Wir sollten für den Körper des oder der Geliebten immer genausoviel Sorge tragen wie für unseren eigenen.

14. Vergessen wir nicht, daß uns die tantrischen Liebesübungen helfen, uns auf einem geistigen Pfad in unseren eigenen Himmel zu führen.

Literaturhinweise

Chang, Jolan: *Das Tao der Liebe. Unterweisungen in altchinesischer Liebeskunst.* Rowohlt Taschenbuch, Reinbek 1998.

Chang, Jolan: *Das Tao für liebende Paare. Leben und Lieben im Einklang mit der Natur.* Rowohlt, Reinbek 1991.

Chang, Stephen T.: *Das Tao der Sexualität. Von der Weisheit des Liebens.* Ariston, Kreuzlingen/München 1998.

Chia, Mantak: *Tao Yoga der Liebe. Der Geheime Weg zur unvergänglichen Liebeskraft.* Ansata bei Scherz, München 1990.

Devi, Kamala: *Tantra-Sex. Die modernen Liebestechniken des Ostens.* Goldmann, München 1994.

Douglas, Nik/Slinger, Penny: *Das große Buch des Tantra. Sexuelle Geheimnisse und Alchimie der Ekstase.* Hugendubel, München 1996.

Dünnebier, Jürgen (Hg.): *Indische Weisheit. Das Beste aus Upanishaden, Bhagavadgita, Yoga-Sutren und Tantra-Yoga.* Droemer Knaur, München 1996.

Gheranda Samhita. Osnabrücker Yoga-Gruppe, Osnabrück 1987.

Das Kamasutra. (Beliebige Ausgabe.)

Mookerjee, Ajit: *Kundalini. Die Erweckung der Inneren Energie.* Origo, Bern 1984.

Mookerjee, Ajit: *Tantra Asana. Ein Weg zur Selbstverwirklichung.* Schroll, Wien 1971.

Siva Samhita. Geheimlehre Indiens. Osnabrücker Yoga-Gruppe, Osnabrück 1984.

Die Upanishaden. (Beliebige Ausgabe.)

Die Autoren

Charles Muir, geboren 1947, beschäftigt sich seit seinem achtzehnten Lebensjahr mit Yoga. Seit 1967 unterrichtet er Yogatechniken in Zusammenarbeit mit verschiedenen Institutionen und Schulen, insbesondere in der »Yoga for Health«-Schule des bekannten amerikanischen Yogi Richard Hittleman. Für seine »Verdienste um die Förderung der geistigen und körperlichen Werte von Yoga zum Wohle aller Bürger« wurde er zweifach vom Bürgermeister von New York City ausgezeichnet.

Caroline Graham-Muir ist von Beruf Physiotherapeutin und Masseurin und beschäftigt sich seit fast dreißig Jahren mit Yoga und Meditationstechniken.

Charles und Caroline Muir leben auf Hawaii, wo sie in ihrer eigenen Schule, der »Source School of Tantra Yoga«, Yoga- und Tantra-Seminare durchführen.

Dr. med. Stephen T. Chang

Das Tao der Schönheit

Gesund und schlank auf sanfte Weise

200 Seiten, Broschur, ISBN 3-7205-2108-7

Sich auf natürliche und gesunde Weise ernähren,
problemlos schlank werden und dabei auf chemische Mittel
und komplizierte Rezepte verzichten: Das Tao der Schönheit
basiert auf jahrtausendealten Lehren, die sich mannigfach
bewährt haben. Das Prinzip beruht auf der Zuordnung
von Lebensmitteln zu den fünf Geschmacksrichtungen,
die in einem Gleichgewicht zu sich genommen werden –
und damit zu einer energetischen Ausgewogenheit führen.
Eine gesunde, vielseitige und schönmachende Ernährung
wird so zum Vergnügen.

ARISTON

Dr. med. Stephen T. Chang
Das Tao der Sexualität
Von der Weisheit des Liebens

224 Seiten, Broschur, ISBN 3-7205-2009-9

Sexualität ist die Quelle der Glückseligkeit, trägt zu Gesundheit,
Lebensfreude, innerer Ausgeglichenheit und Weisheit bei –
wenn neben der körperlichen Befriedigung auch das geistige
und seelische Erleben Erfüllung erfahren. Stephen T. Chang,
ausgebildet sowohl in der traditionellen chinesischen Heilkunde
als auch in der westlichen Medizin, zeigt Wege auf,
wie die taoistischen Lehren auch für uns anwendbar werden.

»Das Tao der Sexualität ermuntert uns, die Praktiken
aus den Schlafgemächern Chinas spielerisch und liebevoll
zu erforschen.«

Maitreyi D. Piontek

ARISTON

Maitrey D. Piontek
Das Tao der Frau
Energiearbeit, Selbstheilung, Sexualität

288 Seiten mit zahlreichen Abb., Broschur, ISBN 3-7205-1925-2

Ein Wegweiser für Frauen, die besser mit ihrem Körper,
ihrer Sexualität und ihren Emotionen umgehen wollen,
die harmonischer, natürlicher, gesünder, lustvoller und
unabhängiger leben wollen. Die Autorin baut auf dem Tao auf,
der ganzheitlichen und naturgemäßen Lebens- und Heilweise,
die sich in China seit Jahrtausenden bewährt.

ARISTON

Marcia G. Hutchinson

Ich find mich richtig gut!

200 sichere Tipps, wie Sie sich lieben lernen

232 Seiten, Broschur, ISBN 3-7205-2107-9

Schön und schlank sind die gängigen Attribute,
die unser Schönheitsideal prägen. Oft lassen wir uns verleiten,
davon unser Wohlbefinden abhängig zu machen.
Marcia Germaine Hutchinson zeigt, wie jeder unabhängig von
Alter, Größe und Aussehen das sinnliche Empfinden für seinen
Körper wiederentdecken, selbstbewusst und mit Liebe auf die
eigenen Stärken und Schwächen blicken kann. 200 Übungen,
Tipps und Visualisierungen helfen dabei, Freundschaft
mit sich selbst zu schließen und die Schönheiten, Würde und
Besonderheiten des eigenen Körpers zu entdecken.

ARISTON

Nik Douglas/Penny Slinger
Das große Buch des Tantra
Sexuelle Geheimnisse und die Alchimie der Ekstase

352 Seiten, gebunden, ISBN 3-89631-306-1

Die alte fernöstliche Tradition des Tantra zeigt,
daß Sexualität nicht nur der Lustbefriedigung dient,
sondern weit über die körperliche Ebene hinaus zu den
energetisch-spirituellen Beziehungen der Geschlechterpole
führen kann. Mit Hilfe des Tantra können alle jene,
die gleichermaßen geben und nehmen möchten und Sexualität
als ein Mittel zur Befreiung verstehen, die Beschränkungen
und Grenzen des individuellen Selbst überschreiten.
Das gemeinsame Teilhaben am ekstatischen Erlebnis ist der
Schlüssel, der die tantrischen Geheimnisse erschließt.